Schwabing

Karte aus dem Jahr 1855.

Zeitreise ins alte München

Schwabing

Zeitreise ins alte München

Herausgegeben vom Stadtarchiv München

Michael Stephan, Willibald Karl

Schwabing

Volk Verlag München

Michael Stephan

Dr. Michael Stephan leitet seit Dezember 2008 das Stadtarchiv München. Seit 2010 gibt er dort die Stadtreihe „Zeitreise ins alte München" heraus. Zu den Schwerpunkten seiner vielen stadtgeschichtlichen Publikationen und Vorträge gehören neben der Migrationsgeschichte die literarische Szenerie in München um 1900; so hat er im weitesten Zusammenhang mit dem „Mythos Schwabing" zu den Schriftstellern Henrik Ibsen, Thomas Mann, Georg Queri, Max Halbe und zuletzt zu Josef Ruederer Veröffentlichungen vorgelegt.

Willibald Karl

Dr. Willibald Karl war von 1975 bis 1984 Geschäftsführer des Münchner Bildungswerks und bis 2004 Stadtbereichsleiter der Münchner Volkshochschule für den Münchner Osten. Heute glänzt der promovierte Historiker durch sein Engagement als Autor, Herausgeber und Dozent.

Die Deutsche Bibliothek verzeichnet diese Publikation in der Deutschen Nationalbibliografie; detaillierte bibliografische Daten sind im Internet über http://dnb.ddb.de abrufbar.

Tel. 089/420 79 69 80; Fax 089/420 79 69 86
Druck: Kösel, Krugzell

ISBN 978-3-937200-77-4
www.volkverlag.de

Inhalt

Vorwort

Bis heute verbindet man mit Schwabing Namen berühmter Künstler und Literaten oder ganz allgemein Liberalität und Dolce Vita. Doch dieser oft idealistischen und verklärten Vorstellung steht eine historische Realität entgegen. Für diese beiden Aspekte stehen exemplarisch zwei Schwabing-Bücher, die beide im Jahr 1913 erschienen sind, aber unterschiedlicher nicht sein können.

Das eine ist gut bekannt. Es handelt sich um den Schlüsselroman der Schwabinger Bohème um 1900: „Herrn Dames Aufzeichnungen oder Begebenheiten aus einem merkwürdigen Stadtteil“ von Franziska zu Reventlow (1871–1918). Der Name „Wahnmoching“, der im Roman für den Stadtteil verwendet wird, kombiniert genial den dörflichen mit dem ideellen Charakter Schwabings, wobei das Dorf damals schon fast verschwunden war. Dieses Buch steht für Schwabing als künstlerisch-legendären Ort.

Das zweite Schwabing-Buch aus dem Jahr 1913 ist heute kaum mehr jemand bekannt. Es heißt konkret „Schwabing“. Mit seinen – so der Untertitel – „Brieflichen Plaudereien“ setzte der Autor, es handelt sich um den Architekten und Heimatforscher Theodor Dombart (1884–1969), dem alten, verschwindenden Schwabing ein inspiriertes Denkmal, das nicht zuletzt durch seine 92 Fotografien die alte Zeit bewahrt. Dieses Buch steht für Schwabing als historischen Ort.

Auch diese Publikation, die den achten Band der seit 2010 erscheinenden Stadtarchiv-Reihe „Zeitreise ins alte München“ darstellt, muss der Tatsache Rechnung tragen, dass Schwabing im Gegensatz zu anderen Stadtvierteln eben nicht nur ein topografischer Ort, sondern auch „ein geistiger Zustand“ ist.

Der Textteil des Bandes geht deshalb auch auf den „Mythos Schwabing“ und sein Fortleben bis heute ein, zeichnet aber in erster Linie die Geschichte Schwabings von seiner Erstnennung im Jahr 782 bis ins 20. Jahrhundert hinein nach. Der Fokus liegt dabei auf der detaillierten Beschreibung des Wandels Schwabings vom Dorf zu einem urbanen Vorort Münchens, der in der Erhebung zur Stadt zum Jahresbeginn 1887 gipfelte. Ein Wendepunkt war sicherlich die Eingemeindung nach München zum 20. November 1890, die sich heuer zum 125. Mal jährt.

Eine wichtige historische Quelle stellte das Archiv der Gemeinde bzw. Stadt Schwabing dar, das heute im Stadtarchiv München liegt. Eine Fundgrube an Material bot auch der Nachlass von Theodor Dombart, der 1970 dem Stadtarchiv überlassen wurde. Dem „Schwabing-Professor" Dombart ist deshalb auch ein kleines Schluss-Kapitel gewidmet.

Der Bildteil des Bandes mit seinen historischen Fotografien ist – von der Sache her – natürlich ganz der Topographie verpflichtet. Die Aufnahmen stammen durchweg aus den Bildbeständen des Stadtarchivs, darunter viele aus der Sammlung Dombart, die hier erstmals veröffentlicht werden. Den zeitlichen Rahmen der Fotos bilden – wie in den bisher erschienenen Bänden der „Zeitreise ins alte München" – die Jahre 1850 und 1920 (mit einigen Ausnahmen), da in dieser Zeit auch Schwabing mit den größten Umbrüchen und Veränderungen – sowohl in baulicher als auch in sozialer Hinsicht – zu kämpfen hatte. In den acht Spaziergängen des Bildteiles kann der Betrachter der Fotografien das alte Schwabing durchwandern, sich über Verschwundenes ärgern, sich über Wiedererkanntes freuen.

Während die Schwabinger Bohème nicht nur in Schwabing, sondern auch in der Maxvorstadt oder sonst wo anzutreffen war, ist das historische Schwabing topographisch genauer zu fassen, auch wenn die Grenzen Schwabings als Dorf, Gemeinde, Stadt oder Stadtbezirk einem ständigen Wandel unterlagen. Seine größte Ausdehnung hatte Schwabing als Steuergemeinde seit 1808 und umfasste auch Teile von Neuhausen und Milbertshofen; dafür lagen Gebiete des heutigen Schwabings noch in der Max- und Schönfeldvorstadt. Nach der Eingemeindung und dem immensen Bevölkerungswachstum wurde Schwabing 1909 gar in drei neue Stadtbezirke aufgeteilt: Schwabing-Ost, Schwabing-West und Schwabing-Nord. Seit 1996 gibt es nur noch zwei Stadtbezirke, die Schwabing auch im Namen tragen: Schwabing-West (Stadtbezirk 4) und Schwabing-Freimann (Stadtbezirk 12).

Diese Buch war für den Autor lange ein frommer Wunsch und ist dann doch eine Herzensangelegenheit geworden, bin ich doch Schwabing in vielerlei Hinsicht verbunden. In der Nähe des Luitpoldparks aufgewachsen, lebe ich heute wieder dort. Die Schulzeit verbrachte ich in der Bayern-Schule und am Alten Realgymnasium, das 1966 in Oskar-von-Miller-Gymnasium umbenannt wurde. Fußball spielte ich beim legendären FC Teutonia am Ackermannbogen, Basketball in der Turnhalle des CVJM am Theo-Prosel-Weg. Konfirmiert wurde ich in der evangelischen Kreuzkirche an der Hiltenspergerstraße. Nach einigen Umwegen kehrte ich Ende der 1990er Jahre nach Schwabing zurück und war von 2002 bis 2008 für die SPD Mitglied des Bezirksausschusses 4 (Schwabing-West). Seit dem 1. Dezember 2008 leite ich das Stadtarchiv München und habe seither auch meinen Arbeitsplatz im schönen und vertrauten Schwabing. Ich widme dieses Buch über Schwabing meiner Mutter, die in der Nacht, als ich das Manuskript an den Verlag geschickt habe, im Alter von 93 Jahren gestorben ist.

Dieses Buch wäre aber nicht zustande gekommen ohne viele Helferinnen und Helfer. An erster Stelle danke ich meinem Schwabinger Spezl Willibald Karl, der für den ganzen Bildteil mit seinen Bildunterschriften verantwortlich zeichnet. Durch seine zahllosen Stadtviertelspaziergänge gehört er zu den besten Kennern des historischen und aktuellen Schwabings.

In der Bildauswahl wurde er tatkräftig unterstützt von meinen Mitarbeiterinnen in der Fotosammlung des Stadtarchivs, diesmal vor allem von Katharina Schinhan und Elisabeth Angermair. Für die digitale Restaurierung und Bildbearbeitung waren Anett Bauman, Tanja Wieland und Inga Fesl vom Sachgebiet „Fotografie und Fototechnik" des Stadtarchivs zuständig.

Beim Volk Verlag hat das Team um Nadine Burks auch diesen Band der „Zeitreise ins alte München" wieder kompetent betreut und umgesetzt. Zuletzt danke ich dem Verleger Michael Volk, der das Erscheinen des Buches bereits seit drei Jahren immer wieder angekündigt hat, für seine Geduld, aber auch für seine Hartnäckigkeit.

Dr. Michael Stephan
Leiter des Stadtarchivs München

Schwabing und München – der Beginn einer wechselvollen Nachbarschaft

Erstnennung Schwabings im Jahr 782

Das große Selbstbewusstsein, das die Schwabinger gegenüber München vor sich hertragen, beruht nicht so sehr in dem aus der Zeit um 1900 herrührenden Schwabing-Mythos, sondern liegt in der einfachen historischen Tatsache begründet, dass der Ort Schwabing (zusammen mit Sendling) schon im Jahr 782 in einer Schenkungsurkunde für das freisingische Benediktinerkloster Schäftlarn erstmals namentlich erwähnt ist – also fast vier Jahrhunderte früher als München.

Diese Schenkung ist mit der Überschrift „Traditio Alpolti et filii eius Huasuni Suuapinga" in einer – heute im Bayerischen Hauptstaatsarchiv in München verwahrten – Handschrift des Hochstifts Freising überliefert.[1] Bei den in der Urkunde topographisch nicht näher ausgeführten Grundstücken in Schwabing und Sendling muss es sich ursprünglich um Herzogsgut gehandelt haben, denn die Schenkung wird vom bayerischen Agilolfinger-Herzog Tassilo III. ausdrücklich angeordnet („hoc autem decrevit princeps clarissimus Tassilo") und von seinem Sohn Theoto bestätigt. Diese Tatsache bekommt im Jahr 1158, als München als ein herzoglicher Marktort bestätigt wird, noch einmal große Bedeutung.

Beziehungen Schwabings zum Kloster Schäftlarn und zum Hochstift Freising

Der Schäftlarner Besitz an den beiden Orten Sendling und Schwabing, der von einer die Isar begleitenden und einer die Isar querenden Straße durchzogen war, wuchs in den folgenden Jahrhunderten zu einer kleinen Siedlung unterhalb der Sendlinger Terrassenbildung heran und erhielt in späterer Zeit den Hofnamen „Munichen", wodurch die monastische Zugehörigkeit des Gebietes ausgedrückt wurde. Oder wie es schon 1792 der Historiker Lorenz von Westenrieder treffend formuliert hat: „Die nahen Dörfer Sendling und Schwabing (so wie viele andere) sind ungleich älter als München, und zuversichtlich gehörte ihnen der Platz, worauf München steht, an."[2]

Nach dem Niedergang Schäftlarns um 900 blieb das Bistum und Hochstift Freising die bestimmende Macht im Münchner Raum und die klösterlichen Güter wurden als Lehen an Freisinger Vasallen und Ministeriale verliehen. Auch Schwabing wurde Sitz eines örtlichen Ministerialengeschlechts, das sich „von Schwabing“ nannte und bis etwa 1260 urkundlich belegt ist.[3] Deren kleine Burg lag nördlich der heutigen Haimhauser Straße und östlich der Occamstraße. Auf dem ehemaligen Burgstall wurde später ein Ökonomiebetrieb errichtet, der 1448 als Besitz der Münchner Patrizierfamilie Tömlinger belegt ist. In der Folge ging das Anwesen an die Patrizierfamilie Scharfzant über, von welcher das Anwesen um 1600 an das in der Schwabinger Flur schon begüterte Ridler-Frauenkloster in München kam. Seit dieser Zeit trug das Gebäude den Namen „Nonnenpflegerhof“, der 1923 abgebrochen wurde.

Mit seiner Wiedergründung als Prämonstratenserstift und freisingisches Eigenkloster im Jahr 1140 durch Bischof Otto I. erhielt Schäftlarn Teile seines Ausstattungsgutes zurück, darunter auch das Gebiet zwischen Sendling und Schwabing. Der „Schäftlarner Hof“ in Schwabing zeugte bis in die Anfänge des 18. Jahrhunderts von diesen besitzrechtlichen Zusammenhängen, bis 1718 an seiner Stelle das Schloss Suresnes errichtet wurde.

Von den weiteren Schäftlarner Besitzungen in der näheren Umgebung ist neben Milbertshofen („Ilmungeshoven“)[4] auch der „Konradshof“ (1260: „Chvnratshoven“) zu erwähnen, eine große landwirtschaftliche Fläche auf Schwabinger Flur (entspricht in etwa dem Gelände des heutigen Oberwiesenfelds).[5]

Auch die freisingische Ministerialenfamilie von Schwabing blieb in enger Beziehung zum Hochstift. 1147 erwarb sie weiteren Grundbesitz vom Freisinger Benediktinerkloster Weihenstephan, das aber seine Zehntrechte in Schwabing behielt.[6]

Und zu den direkten Beziehungen zwischen Sendling und Schwabing gehört auch, dass die alte Schwabinger Kirche St. Ursula (heute St. Sylvester) bis 1811 nur eine Filialkirche der Pfarrei Sendling war (und erst danach zu einer selbstständigen Pfarrkirche erhoben wurde).

„Gründung“ Münchens und Aufstieg auf Kosten Schwabings

Bereits ab dem Jahr 1156 wurde aber die weitere besitzmäßige Expansion Schäftlarns in dem Raum zwischen Sendling und Schwabing unterbrochen: In diesem Jahr setzte der staufische Kaiser Friedrich I. Barbarossa seinen welfischen Vetter Heinrich den Löwen im Herzogtum

Bayern ein. Der neue Herzog von Bayern reklamierte den auf Schäftlarner Grund stehenden Ort „Munichen" als altes Herzogs- bzw. Reichsgut für sich, leitete die Führung der alten Handels- und Salzstraße hierher um und baute ihn in kürzester Zeit zu einem mit dem freisingischen (Ober-)Föhring konkurrierenden Marktort aus. Bischof Otto von Freising, ein Babenberger und auch mit dem Kaiser verwandt, ließ sich diesen Eingriff in seine Rechte nicht gefallen und erwirkte die berühmte, in Augsburg ausgestellte Kaiserurkunde vom 14. Juni 1158, in welcher der neue herzogliche Markt München („forum Munichen") erstmals namentlich genannt und auch bestätigt wird. Dieser Tag wird heute noch – nicht ganz korrekt – als „Stadtgründungstag" gefeiert.

Der bayerische Herzog musste sich nach dieser Urkunde seine Herrschaftsrechte über München und auch die dortigen Einnahmen eine Zeit lang mit dem Bischof von Freising teilen. Mit dieser Bestätigung des Marktes München von 1158 (der Begriff „civitas" für Stadt ist erst um 1215 belegt) setzt aber nun eine Entwicklung ein, die für die folgenden Jahrhunderte bestimmend werden sollte: Das neue Handelszentrum München wird seit 1158 zum „Zehrer der Nachbarmarken Sendling und vor allem von Schwabing".[7] Dieses wichtige Grundphänomen der Münchner Stadtgeschichte, die sukzessive Vergrößerung Münchens auf Kosten Schwabings, könnte man auch als schleichende „Eingemeindung" bezeichnen.

Diese Entwicklung erhielt dann unter den Wittelsbachern eine neue Dynamik, die seit 1180 – nach der Absetzung Heinrichs des Löwen – als bayerische Herzöge auch die neuen Stadtherren von München wurden. Sie schüttelten um 1240 die Mitherrschaft des Freisinger Bischofs de facto ab, und nach der Landesteilung des Herzogtums im Jahr 1255 baute Herzog Ludwig II. der Strenge in seinem oberbayerischen Landesteil die schnell wachsende Stadt München zu dem wichtigsten Zentralort aus.

Mit diesem Übergang Münchens vom Freisinger Bischof auf den wittelsbachischen Herzog hängt auch der um 1260 zu konstatierende Übergang der Schwabinger Bischofslehen aus den Händen der örtlichen Ministerialenfamilie in den Verfügungsbereich des Herzogs und dessen Hofdienerschaft zusammen. So geriet der Schwabinger Besitz als herzogliches Lehen an den Münchner Patrizier Ainwig von Gollier, einem Vertrauten des Herzogs Ludwig des Strengen. Nach dem Tod Ainwigs 1318 wurde der herzogliche Lehensbesitz in Schwabing zertrümmert und aufgeteilt.

Noch in der Zeit Herzogs Ludwigs des Strengen wurde auch die große Stadterweiterung geplant und schon weitgehend abgeschlossen. München wuchs in dieser Zeit um das Sechsfache des welfischen Stadtkerns von 1158 und dieser Raum von etwas über einem Quadratkilometer sollte für nahezu ein halbes Jahrtausend der weiteren Entwicklung genügen. Schon um 1300 gibt es Belege für eine innere und äußere Stadt, auch wenn der neue Mauerring erst in der Zeit Kaiser Ludwigs des Bayern – 1337 mit der Fertigstellung des Isartors – seinen endgültigen Abschluss bekam. Interessant ist, dass die Stadttore des äußeren Mauerrings, anders als in vergleichbaren Städten, nicht nach den wichtigen urbanen Zielorten der ausführenden Landstraßen benannt waren (z.B. Wolfratshausener, Augsburger oder Freisinger Tor), sondern nach den nächstgelegenen bäuerlichen Siedlungen (also Sendlinger, Neuhauser und Schwabinger Tor). Das war natürlich auch eine richtungsbezogene Benennung, brachte aber zudem den Übergang zu den unmittelbar anstehenden Nachbarfluren zum Ausdruck.

Münchner Burgfriedensgrenze zu Schwabing

Der Gerichtssprengel (also der erstmals 1380 erwähnte Burgfrieden) der Stadt wurde in Richtung der fremden Flurteile der Nachbardörfer vorgeschoben. Innerhalb des Burgfriedens griff die städtische Gerichtsbarkeit, es gab städtische Eigentumsrechte und es bestand das Recht auf Erhebung eines Bodenzinses. Der exakte neue Grenzverlauf des zwischen den bayerischen Herzögen Johann und Sigmund sowie dem Stadtmagistrat ausgehandelten Burgfriedens wurde am 24. Oktober 1460 in einem herzoglichen Privileg schriftlich niedergelegt und später durch mehrere über die Fluren rund um München verteilte Steinsetzungen (wappengeschmückte Burgfriedenssäulen) fixiert. Mit den Urkunden von Kurfürst Max Emanuel vom 7. November 1724 und vom 3. Januar 1728 wurde der Burgfrieden noch einmal erweitert. Die bis dahin im Münchner Burgfriedensbezirk gelegene Hirschau wurde allerdings dem Landgericht Dachau zugeteilt.

In Richtung Schwabing war der Münchner Expansionsdrang besonders stark, weil noch vor 1460 sogar eine bis fast ins Dorfzentrum Schwabings vorstoßende Erweiterung des Gerichtssprengels durchgesetzt wurde, die der Einbeziehung des 1386 erstmals genannten und aus Seuchenangst beträchtlich exponierten städtischen Siechenhauses mit Kirche an der alten Schwabinger Landstraße (am heutigen Nikolaiplatz) diente. Die dortige Burgfrie-

Burgfriedensplan von 1724/28: Die Grenze des Münchner Burgfriedens zu dem Ort Schwabing im Landgericht Dachau wird durch die Burgfriedenssäulen 7 bis 14 markiert. Zwei Säulen stehen heute noch (Nr. 9 am Elisabethplatz, Nr. 13 im Englischen Garten unterhalb des Monopteros).

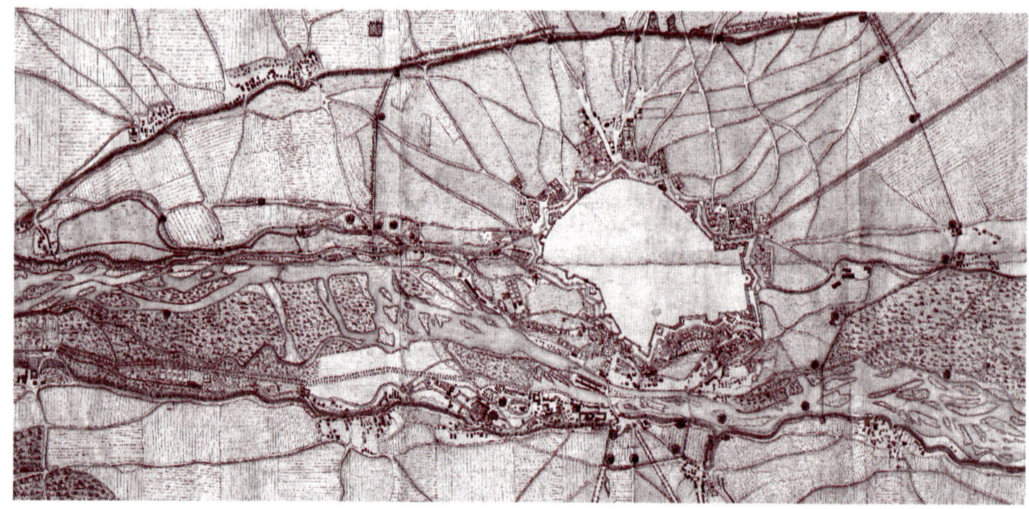

denssäule (es ist die in einem nach der Erweiterung von 1724 angelegten Plan eingezeichnete Nr. 10) ist heute ebenso verschwunden wie das Leprosenhaus und die kleine Nikolaikirche, die 1856 bzw. 1898 abgebrochen wurden, um dort Mietshäuser zu errichten.

Aber zwei andere Säulen, die auch die Grenze zu Schwabing markierten, sind heute noch im Norden Münchens zu entdecken. Die Säule Nr. 9 steht heute historisch nicht korrekt am Elisabethplatz; ihr ursprünglicher Standort war neben dem 1704 fertiggestellten „Schwabinger Kanal", dem später so genannten „Türkengraben", beim heutigen Kurfürstenplatz. Die Säule Nr. 13 (mit Jahreszahl 1724) findet sich im Englischen Garten südwestlich des Monopteros.

Schwabing als Dorf im Landgericht Dachau (bis 1803)

Grenzen des Landgerichtsbezirks Dachau zu München

Die Burgfriedenssäulen rund um München tragen auf der einen Seite das Münchner Stadtwappen, das Münchner Kindl, und auf der anderen Seite das bayerische Wappen, den Rautenschild. Schwabing gehörte seit dem 13. Jahrhundert, nachdem die wittelsbachischen Herzöge nach der Stadt auch das Land ringsum München ganz in ihren Einflussbereich gebracht und dann ihr ganzes Herzogtum mit Gerichts- und Verwaltungsbezirken organisiert hatten, zum Landgericht Dachau. Dieser Gerichtsbezirk umschloss mit seinen Grenzen im Südosten die spätere Residenzstadt München eigenartig von Schwabing bis Sendling und erstreckte sich damit weit ins städtische Weichbild Münchens von heute. Die Ostgrenze Schwabings und damit auch des Landgerichts Dachau bildete die Isar, an der sich in einem schmalen Streifen von Oberföhring bis Freising das reichsunmittelbare (und damit bereits „ausländische") Gebiet des Hochstifts Freising entlangzog. An dieser Zugehörigkeit Schwabings zum Landgericht Dachau änderte sich jahrhundertelang nichts. Es blieb auch so bestehen, als im Jahr 1623 aus dem Herzogtum Bayern ein Kurfürstentum wurde.

Burgfriedenssäule von 1724, kolorierte Zeichnung von 1827

Schwabing um 1760

Über die innere Organisation des Landgerichts Dachau sowie über die Größe der landgerichtsunmittelbaren Orte wie Schwabing im ausgehenden 18. Jahrhundert sind wir über die landesweit erfolgte Güterkonskription von 1752 und vor allem über die Hofanlagebücher von 1760 genauesten unterrichtet.[8] Das Landgericht Dachau war unterteilt in sieben Schergenämter, die wiederum in 33 Haupt- oder Obmannschaften untergliedert waren. Zum Amt Neuhausen gehörten die Hauptmannschaften Unterschleißheim, Mittersendling, Neuhausen, Lochhausen, Moosach und Schwabing, das sich aus den Ortschaften Schwabing, Freimann und Großlappen zusammensetzte.

In Schwabing gab es im Jahr 1760 47 Anwesen unterschiedlicher Größe nach einem Hoffuß-System (1/1-Höfe oder „Ganzhöfe" bis 1/16-Höfe oder „Sölden"), was für die Besteuerung entscheidend war.

Zum damaligen Zeitpunkt existierten in Schwabing nur noch zwei Ganzhöfe: Der eine war der schon erwähnte ehemalige Schäftlarner Hof, der aber bereits 1718 von Ignaz von Wilhelm, dem Kabinettssekretär von Kurfürst Max Emanuel, angekauft und Teil des gefreiten Sitzes „Sourenne" (Suresnes) mit Niedergerichtsbarkeit innerhalb der Dachtraufe wurde. Hier setzt schon eine neue Entwicklung in der Geschichte Schwabings ein, das im Verlauf des 18. Jahrhunderts immer mehr zum Refugium für den Münchner Adel bzw. das gehobene Bürgertum wurde.

Der andere Ganzhof war der sogenannte Kaiser-Ludwig-Mess-Hof. Das war ein ursprünglich herzoglicher Diensthof, der erstmals 1417 als Teil eines von den Herzögen Ernst und Wilhelm gestifteten Messstipendiums für die Kaisermesse zum Gedenken an Ludwig den Bayern in der Frauenkirche genannt wird.[9] Die Nutzungen aus dem umfangreichen Ökonomiebetrieb zog exklusiv der herzogliche, später kurfürstliche Hofkaplan. Die in den steuerlichen Quellen überlieferten Hofnamen lauteten bei diesem Ganzhof „Schwaiger" und „Saubauer", das heißt, der Hof wurde zeitweise als Schwaige (mit intensiver Schweinehaltung) geführt.

Die anderen Höfe in Schwabing hatten verschiedene Grundherren bzw. Besitzer. Zur Schwabinger Ursula-Kirche gehörte der halbe „Viereck"-Hof (der auf eine betriebswirtschaftliche Grundausstattung durch das Kloster Schäftlarn zurückgeht; das Wohnhaus steht heute noch an der Ecke Feilitzsch-/Gunezrainerstraße),[10] drei je 1/6-Höfe (Kuppler, Wurzbartl,

Ansicht des Dorfes Schwabing mit der Ursulakirche, Aquarell eines unbekannten Künstlers („Schwabing 1803 den 17. Mai“)

Baron Schiestl) sowie acht je 1/16-Höfe. Die Kirche St. Georg in Milbertshofen hatte einen 1/6-Hof (Gaiser), das Stift St. Johann in Freising einen 1/16-Hof. Das schon erwähnte Ridler'sche Regelhaus in München bezog Einkünfte aus dem halben „Nonnenbauer“-Hof sowie von zwei je 1/16-Höfen, das Salesianerinnenkloster Maria Heimsuchung in München aus einem 1/16-Hof. Das Landgericht Dachau finanzierte seine Verwaltungsausgaben u.a. über die vom Kastenamt Dachau erwirtschafteten Einnahmen von vier je 1/16-Höfe in Schwabing. Neben Landesherr und Adel, Kirche und Klöstern gab es in Schwabing noch einige bürgerliche Grundbesitzer wie Dr. von Schmaedel (2/8-Hof), Hofkammerrat Späth, den kurfürstlichen Triftverwalter Seemüller aus München oder den kurfürstlichen Tücherknecht Stadler

Das Dorf Schwabing mit Ursulakirche oberhalb des Schwabinger Baches, Aquatinta-Radierung von Carl August Lebschée, 1831

(alle je ein 1/16-Hof). Weiterer nur mit den Hofnamen genannter Eigenbesitz waren ein halber Hof (Wirt), vier je 1/6- (Kötterl, Alter Schmied, Stöpfltoni, Saugörgl), vier je 1/8- (Gidi, Wirt, Spitzweck, Weber) sowie sieben je 1/16-Höfe. Der Gmain, also dem Schwabinger Dorfverband, gehörte ein 1/16-Hof mit dem Hüthaus.

Die Güterbeschreibung von 1760 gibt nur einen Momentan-Zustand der dörflichen Struktur von Schwabing an, die sich bis dahin weitgehend stabil entwickelt hatte. Durch die nach 1760 errichteten adeligen Sitze in Schwabing bekam das dörfliche Schwabing verstärkt einen anderen Charakter und wurde so Teil der Schlosslandschaft nördlich von München.

Die formale Zugehörigkeit Schwabings zum Landgericht Dachau endete jedoch erst in der Umbruchszeit um 1800, als nach Säkularisation bzw. Mediatisierung sowie nach der Erhebung Bayerns zum Königreich (1806) die Verwaltungsreformen der Montgelas-Zeit auch Schwabing veränderte, das sich nun verstärkt nach München hin orientierte.

Schwabing wird Teil der Kanal-, Schloss- und Parklandschaft um München

Kanäle im Norden Schwabings

Unter Kurfürst Max Emanuel (1679 – 1726) veränderte sich die Landschaft im Münchner Norden zwischen Isar und Würm entscheidend. Er ließ ab 1689 Kanäle anlegen, die zunächst nur dem Materialtransport für den Bau des neuen Schlosses Schleißheim dienten. Bei diesen frühen Kanalbauten waren auch noch türkische Kriegsgefangene im Einsatz. Bei den zwei Kanälen, die der Kurfürst ab 1702 durch die Schwabinger Gemarkung anlegen ließ, war dies nicht mehr der Fall.

Der Nymphenburg-Biedersteiner-Kanal durchquert die Ebene im Münchner Norden in West-Ost-Richtung (bei einem Gefälle von 20 Metern von der Würm bei Pasing bis Schwabing). Er verläuft noch heute südlich des Mittleren Rings, wurde bei der landschaftlichen Gestaltung des Olympiaparks (mit Olympiasee) sowie des Petuelparks miteinbezogen, knickt dann südöstlich ab in Richtung Ungererbad und mündet nordöstlich der Gaststätte Brunnwart in den Schwabinger Bach, einem Seitenarm der Isar.

Der zweite Kanal in Nord-Süd-Richtung war der 1704 fertiggestellte „Neue Kanal“ oder „Schwabinger Kanal“. Er sollte ursprünglich die Münchner Residenz mit dem Schloss Schleißheim verbinden, realisiert wurde aber nur das Teilstück, das bei der Georgenschwaige in den Nymphenburg-Biedersteiner-Kanal mündete. Der 1811 zugeschüttete Kanal, damals fälschlicherweise „Türkengraben“ genannt, wurde zu einer neuen Siedlungsachse und bildet heute mit seinem markanten schrägen Verlauf der Kurfürsten-, Nordend- und Belgradstraße sozusagen das Rückgrat von Westschwabing.

Suresnes

Im Dorf Schwabing selber wurde mit dem 1718 aus dem Schäftlarner Hof hervorgegangenen und von Hofbaumeister Johann Baptist Gunezrainer erbauten Schlösschen „Suresnes“ (heute Werneckstraße 24) der Anfang der feudalen Epoche Schwabings eingeleitet. Der Name erinnerte den Bauherrn Ignaz von Wilhelm an das gleichnamige Schloss nördlich von Versailles und an die dort mit Kurfürst Max Emanuel verbrachten Jahre im Exil. Die Erben des Ignaz von Wilhelm verkauften das Schloss 1756 an den kurfürstlichen Hofkastner Leopold Freiherr von Manteuffel, danach wechselten die Besitzer häufig: Gräfin Theresia von Preysing (1786), Graf Joseph Emanuel von Waldkirchen (1799), Graf Friedrich von Vieregg (1799) und Reichsfreiin Ludowica von Keßling (1806).[11] Die Besitzerwechsel setzten sich im 19. Jahrhundert fort und das Schloss diente abwechselnd Fabrikanten und Kaufleuten sowie Künstlern und Gelehrten, darunter auch dem Physiker Carl August Steinheil, als Domizil. In den Jahren nach 1870 war das Gebäude vorübergehend Versammlungsstätte eines freien Jugendbundes, über die der Schriftsteller Ludwig Ganghofer in seiner Autobiografie ein literarisches Zeugnis abgelegt hat.[12] Seit 1969 gehört das Suresnes-Schlösschen der 1957 gegründeten Katholischen Akademie in Bayern; zuletzt nutzte es der Münchner Erzbischof Kardinal Reinhard Marx als Wohnsitz während des Umbaus des Erzbischöflichen Palais in München.

Impression vom Schloss Suresnes, durch das verzierte Torgitter fotografiert

Mitterschwabing

Im Verlauf des 18. Jahrhunderts entdeckten weitere Vertreter des Münchner Dienstadels den Ort Schwabing für sich und ließen sich vom Landesherrn – sicherlich gegen hohe Gebühren – gefreite Sitze genehmigen. „Ein Ansuchen, das gerade der Repräsentationssucht sozialer Aufsteiger entgegenkam und dem Landesherrn deshalb nicht unsympathisch sein konnte, da die jetzt vom kurfürstlichen Lehenhof in München ausgegebenen, nunmehr tatsächlich originären landesherrlichen Lehen die herkömmliche besitzrechtliche Verknüpfung Schwabings mit der Fürstenmacht wieder kräftig unterstrichen."[13]

1774 erhob Kurfürst Max III. Joseph den Schwabinger Besitz (an der alten Schwabinger Landstraße kurz vor ihrer Gabelung nach Ingolstadt bzw. Freising) des Geheimen Rats, kurfürstlichen Kämmerers und Obersthofjägermeisters Johann Theodor Freiherr von Waldkirchen zu einem gefreiten Rittersitz

„Mitterschwabing“ mit realer Niedergerichtsbarkeit.[14] 1802 befand sich der Sitz noch in den Händen der 1790 in den Grafenstand erhobenen Familie. Das Schlösschen Mitterschwabing erwarb 1812 der Philosoph Franz Xaver von Baader, den man wegen seiner Ansichten und Lebensführung als erstes „Schwabinger Original“ bezeichnen könnte. Das „Baader-Schlössl“ wurde ab 1877 von Ludwig Petuel als Gaststätte für seine Brauerei genutzt. Es wurde 1889 abgerissen und musste der Gaststätte „Schwabinger Brauerei“ weichen. Dieses Gebäude wurde im Zweiten Weltkrieg zerstört. In den 1960er Jahren entstand an seiner Stelle der „Schwabinger Bräu“ mit großem Festsaal. Seit 1964 erhob sich hier als markanter, aber auch umstrittener Abschluss der Leopoldstraße der schwarze Hertie-Hochhaus-Kubus, der 1992 wieder gekappt wurde.

Biederstein

Auf dem 1760 erwähnten Besitz des kurfürstlichen Triftverwalters Seemüller entstand ein Schlösschen nördlich des Schwabinger Ortskerns, das 1784 in den Besitz des Kurfürsten Karl Theodor gelangte, der es ein Jahr später zu dem gefreiten Sitz „Biederstein“ erhob. Er verlieh es seinem Kabinettssekretär Stephan von Stengel als Lehen. Kurfürst Max IV. Joseph kaufte den Sitz 1802 wieder zurück und ließ vom Hofbaumeister Franz Thurn einen Neubau des Schlosses errichten. Die Umgebung wurde mit einem von Friedrich von Sckell angelegten englischen Landschaftsgarten mit See neu gestaltet. 1814 übereignete der Besitzer, nun König Max I. Joseph, das Schloss an seine zweite Gemahlin Karoline (heute nur noch Reste an der Biedersteiner Straße 26 – 32 zu entdecken). Mit den Besuchen von Napoleon (1806) oder Zar Alexander (1815) kam nun auch die große Welt nach Schwabing. 1826 wurde von Leo von Klenze an anderer Stelle des großen Areals das neue Schloss Biederstein gebaut, in dem die Königinwitwe ihre Hofhaltung einrichtete und – als erste Protestantin Schwabings – bis zu ihrem Tod 1841 lebte.[15] Das Gebäude wurde 1934 von den wittelsbachischen Erben abgebrochen und durch Wohn- und Geschäftshäuser (u.a. Biedersteiner Verlag) ersetzt (heute Klementinenstraße 8). Das alte Schloss wurde im Zweiten Weltkrieg bei einem Luftangriff zerstört. Den Rest besorgte der Isar-Ring als Teilstück des Mittleren Ringes; nur der „Biedersteiner Tunnel“ erinnert an die vergangenen feudalen Zeiten Schwabings.

Ansichten aus der Serie „Umgebungen Münchens" mit dem neuen, 1826 von Leo von Klenze erbauten Schloss Biederstein als Hauptmotiv, Stahlstich von Johannes Poppel, um 1850

Neufeld

Der 1760 erwähnte Besitz des Münchner Salesianerinnenklosters, ein schon zu Beginn des 18. Jahrhunderts bestehender Lustgarten, gelangte 1763 an die Grafen von Lodron. 1789 stattete Kurfürst Karl Theodor diesen Besitz mit der Sitzgerechtigkeit aus. 1793 wurde der Besitz, der mittlerweile dem Großprior des Malteserordens Fürst Karl August zu Bretzenheim gehörte, einem natürlichen, das heißt außerehelichen Sohn Karl Theodors, zum Rittersitz „Neufeld" mit realer Niedergerichtsbarkeit erhoben. 1802 erkaufte den Sitz der Hofmarschall Ludwig Moritz von Gohren. Das nach ihm benannte „Gohren-Schlössl" ist heute Sitz der Ver-

Altes Schloss Biederstein am Biedersteiner See, Lithographie von Joseph Anton Sedlmayr, ca. 1824. Vor dem Schloss stehen König Max I. Joseph und seine Frau Karoline mit ihren drei Lieblingshunden. Im Hintergrund sind die Türme der Schwabinger Ursulakirche und der Münchner Frauenkirche zu sehen.

waltung der Klinik und Poliklinik für Dermatologie und Allergologie der TU München (Klinikum am Biederstein, Biedersteiner Straße 29). Der dazu gehörige „Marschallhof" wurde 1960 abgerissen und durch moderne Punkthochhäuser am Artur-Kutscher-Platz ersetzt.[16]

Klein-Biederstein

1795 erwarb Martin Schadenfroh, der Kastner des Domkapitels Freising, ein Anwesen in Schwabing und errichtete das Schloss Klein-Biederstein. Es wurde 1796 zu einem Rittersitz mit Niedergerichtsbarkeit erhoben, verlor diesen Status aber bereits 1801 wieder. 1802 verkaufte Schadenfroh sein Schlösschen an den Inhaber des Sitzes Neufeld, Ludwig Moritz von Gohren, der die Ökonomie zu seinem Sitz Neufeld zog. Das Schlösschen Kleinbiederstein stand bis zu seinem Abriss 1960 im Garten des sogenannten Marschallhofes.[17]

Weitere Landsitze in Schwabing

Weitere Landsitze, allerdings ohne privilegierten Gerichtsstand, und Lustgärten prägten fortan die Topographie Schwabings. An der alten Schwabinger Landstraße, direkt hinter der Burgfriedensgrenze, lag der 1800 erbaute Landsitz des Staatsrates Egid von Kobell, aus dem 1832 die viel besuchte Gaststätte „Serempusgarten“ entstand. Zu erwähnen ist auch das „Stubenrauch-Schlössl“ (heute Werneckstraße 18), das einer gut situierten Münchner Familie gehörte; nach 1811 wurde es als erster Pfarrhof genutzt.

Gohren Schlössl, Fotografie von Theodor Dombart. Aufnahme um 1910

Gegen Ende des 18. Jahrhunderts konnte kein Dorf um München mit einer vergleichbaren Anzahl von Edelsitzen und adeligen Landhäusern aufwarten wie Schwabing. Gewinner dieser Besitzverschiebung zu Lasten der Schwabinger Dorfgemeinschaft blieb die Bevölkerung Münchens. „Vielleicht ist die in der Literatur immer wieder betonte gefühlsmäßige Nähe Münchens zu Ort und ‚Zustand‘ Schwabing ein Erbstück dieser entwicklungsgeschichtlich hoch bedeutsamen, weil ausgeprägten topographischen Zusammengehörigkeit.“[18]

Englischer Garten

Schließlich wurde Schwabing in dieser Zeit noch auf eine ganz andere Weise mit München nachhaltig verbunden: Seit 1789 ließ Kurfürst Karl Theodor auf Anregung seines Ministers, des Amerikaners Benjamin Thompson (seit 1793 Graf Rumford), den Englischen Garten anlegen. Es entstand in den folgenden Jahren eine beachtliche Parklandschaft, die vom Münchner Hofgarten bis zum neuen Kleinhesseloher See reichte, der ab 1800 bzw. 1812 von Rumfords Nachfolgern General Reinhard Freiherr von Werneck und Friedrich Ludwig von Sckell angelegt bzw. erweitert wurde. Schwabing wurde über die grüne Parkachse des Englischen Garten zu einem beliebten Ausflugsziel der Münchner. Einzige dörfliche Gaststätte war bis 1820 der schon 1718 erwähnte „Große Wirt“ (beim heutigen Forum an der Münchner Freiheit); erst danach kamen weitere Wirts- und Kaffeehäuser hinzu, die zu den beliebtesten Unterhaltungsplätzen der Münchner gehörten.

Steuergemeinde Schwabing und Bildung der politischen Gemeinde

Schwabing als Teil des Landgerichts München (ab 1803) bzw. Bezirksamts München (ab 1862)

Im Zuge der Montgelas'schen Verwaltungsreformen kam es seit 1803 auch zu einer Neugliederung der Landgerichtsbezirke im Kurfürstentum Bayern. Am 27. August 1803 wurde der Landgerichtsbezirk Dachau neu gestaltet – nun ohne das Amt Neuhausen (mit Schwabing), das dem am 5. September 1803 neu gebildeten Landgericht München zugeschlagen wurde. Dieses Landgericht München als untere Verwaltungs- und Gerichtsbehörde für das Land um die Haupt- und Residenzstadt herum (in München selbst gab es ein eigenes Stadtgericht) bestand in der Form bis 1831, als für das Gebiet rechts der Isar ein eigenes Landgericht Au gebildet wurde. Nach den Eingemeindungen von Haidhausen, Au und Giesing nach München im Jahr 1854 wurde das bisherige Landgericht München in ein Landgericht rechts und ein Landgericht links der Isar aufgeteilt. Analog verfuhr man beim Stadtgericht München: Hier gab es nun ein Stadtgericht links und eins rechts der Isar. Das Landgericht links der Isar, zu dem Schwabing gehörte, hatte seinen Amtssitz am Lilienberg in der – nun Münchner – Au. Bei der Trennung von Verwaltung und Gerichtswesen 1862 wurde aus dem Landgericht München links der Isar das Bezirksamt München links der Isar (später Bezirksamt München I), das für die Gemeinde Schwabing bis zu seiner Eingemeindung nach München 1890 zuständig war.

Steuergemeinde Schwabing (ab 1808)

Im Zuge der Steuervermessung seit 1808 wurden innerhalb der Landgerichte Steuerdistrikte gebildet. Auch das Dorf Schwabing wurde Namensgeber für den neuen Steuerdistrikt bzw. die Steuergemeinde. Es bestand laut dem ersten provisorischen Kataster von 1808 neben Schwabing mit seinem Siedlungskern östlich der Straßen, die von München nach Ingolstadt (Schwabinger Landstraße bzw. seit 1892 Leopoldstraße) bzw. nach Freising und Landshut (seit 1884 Ungererstraße) führten, zunächst aus folgenden Ortschaften: Biederstein, Hirschau, Neuschwabing (ein Weiler an der Landstraße nach Ingolstadt, zwischen der heutigen Grieg- und

Einteilung des Landgerichts München in Steuerdistrikte für das Grundsteuerkataster, 1810

Domagkstraße), Riesenfeld (ein Weiler beim heutigen Georgenschwaigebad) und Tivoli. Während das Tivoli, eine bis 1923 bestehende Ausflugsgaststätte am Nordrand des Englischen Gartens, in späteren Auflistungen nicht mehr vorkommt,[19] kamen später noch die Ortschaften Triftkanal (wohl im nördlichen Lehel zu verorten)[20] und Türkengraben[21] hinzu (der 1811 zugeschüttete Kanal wurde zuerst in der Maxvorstadt, dann auch auf Schwabinger Gebiet mit

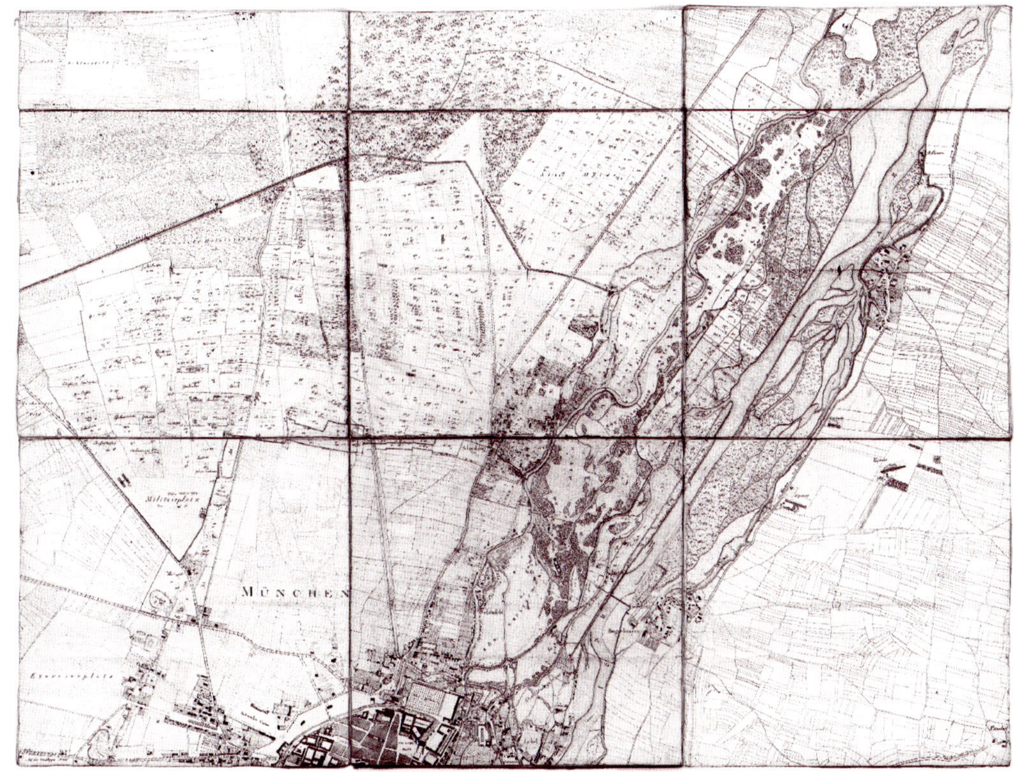

Detailplan des Steuerdistrikts Schwabing mit eingezeichneten Flurstücken, um 1813

einfachen einstöckigen Häusern für Handwerker und kleinbürgerliche Schichten besiedelt). Nach einer Übersicht aus dem Jahr 1868 gab es im Gemeindebezirk Schwabing 539 Privatgebäude, die sich in folgenden Ortschaften befanden: Schwabing (338), Biederstein (9), Neuschwabing (7), Riesenfeld (11), Türkengraben (72), Hirschau (61) und Triftkanal (41).[22]

Auch die weitläufigen Felder des mittelalterlichen „Konradshof" wurden bei der Bildung der Steuergemeinden 1808 dem Steuerdistrikt Schwabing zugerechnet (bildeten aber keine eigene Ortschaft). Die militärische Nutzung, die seit Ende des 18. Jahrhunderts immer größere Bereiche dieser Fluren erfasste, machte im 19. Jahrhundert das unter dem Begriff „Oberwiesenfeld" subsumierte Areal zum Mittelpunkt eines großen Garnisonsübungsplatzes im Münchner Nordwesten.[23] In der oben genannten Übersicht aus dem Jahr 1868 sind neben

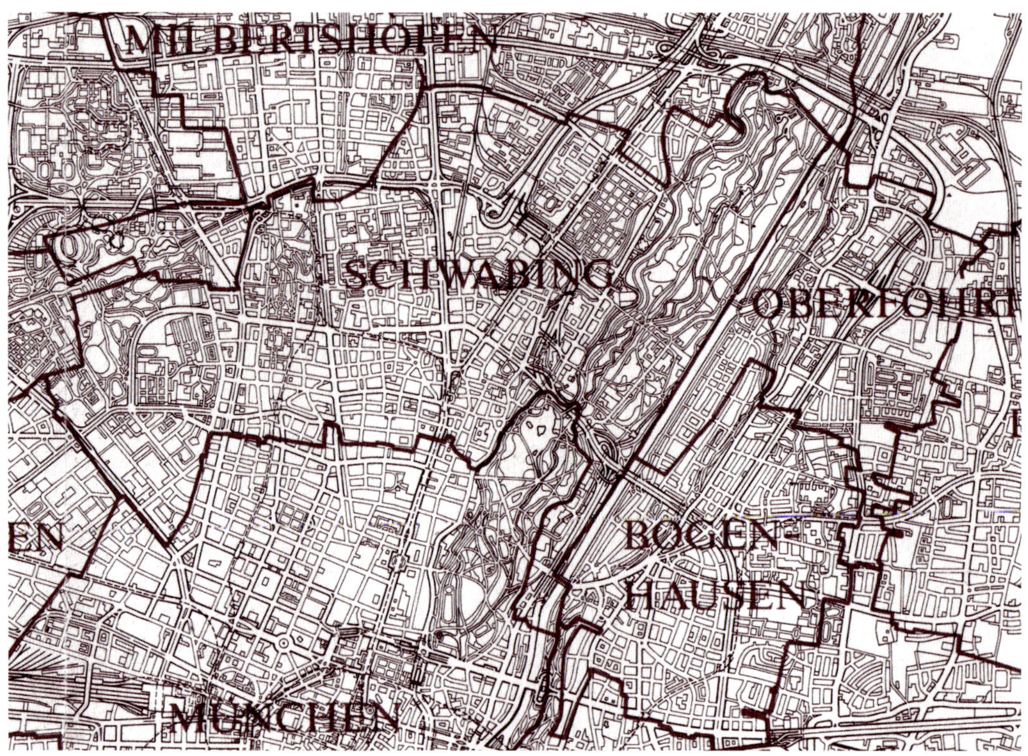

Heutiges Stadtgebiet von München mit eingezeichneter Grenze der Steuergemeinde Schwabing um 1860, Ausführung: Kajetan Dürr, 1991

den privaten auch 36 öffentliche Gebäude in Schwabing aufgelistet, darunter das 1865 fertiggestellte Zeughaus der bayerischen Armee, ein heute noch stehender Rohziegelbau im historistischen Rundbogenstil, mit 21 weiteren Gebäudeteilen und Werkstätten an der Lothstraße 17 (wird zur Zeit saniert und umgebaut für die Hochschule München).[24]

Die Grenze der Steuergemeinde Schwabing verlief also im Westen teilweise entlang der Landstraße von Dachau nach München, wobei sie in der Höhe des Gutes Wiesenfeld (beim heutigen Maßmannbergl) parallel zur Straße nach Schleißheim wieder nach Norden abbog und entlang der Burgfriedensgrenze zu München führte. Im Süden von Schwabing verlief die weitere Abgrenzung vom heutigen Nordbad weiter entlang der alten Burgfriedensgrenze etwas südlich der heutigen Hohenzollernstraße. Das östlich der alten Schwabinger Landstraße gelegene Leprosenheim, das erst im Jahr 1818 geschlossen wurde, und die Nikolaikirche gehörten

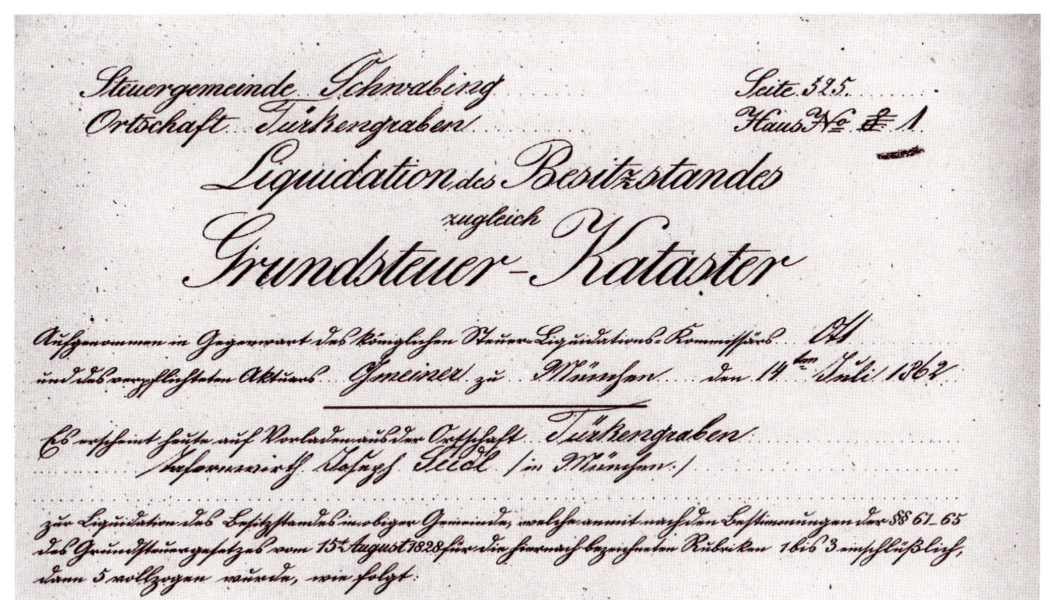

Steuergemeinde Schwabing — Seite 525.
Ortschaft Türkengraben — Haus No. 1

Liquidation des Besitzstandes
zugleich
Grundsteuer-Kataster

Aufgenommen in Gegenwart des königlichen Steuer-Liquidations-Commissärs
und des verpflichteten Aktuars Gmeiner zu München den 14ten Juli 1862

Es erscheint heute auf Vorladung aus der Ortschaft Türkengraben
Ökonomiewirth Joseph Seidl (in München)

zur Liquidation des Besitzstandes in obiger Gemeinde, welche nunmehr nach den Bestimmungen der §§ 61–65 des Grundsteuergesetzes vom 15ten August 1828 für die hienach bezeichneten Rubriken 1 bis 3 einschließlich, dann 5 vollzogen wurde, wie folgt:

Ausschnitt aus dem Grundsteuerkataster 1862 der Steuergemeinde Schwabing, Ortschaft Türkengraben

weiterhin zum Münchner Burgfrieden. Die Ostgrenze bildete zunächst der Schwabinger Bach, führte dann um den Kleinhesseloher See herum, der nun zu München gehörte, dann wieder ein Stück südlich durch den Englischen Garten bis hinter die heutige Tivolibrücke ins Lehel hinein; von da nach Norden bildete die Isar die weitere Ostgrenze. Im Norden schloss die Grenze des Steuerdistrikts noch den Aumeister mit ein, bog dann wieder ein Stück nach Süden ab, führte parallel zur heutigen Domagkstraße bis zur heutigen Knorrstraße und dann weiter südlich teilweise parallel zum Nymphenburg-Biedersteiner-Kanal. Bei der Ortschaft Riesenfeld führte die Grenze südlich entlang der Schleißheimer bis zur heutigen Lerchenauer Straße; von da vollzog die Grenze wieder einen Bogen bis zur Straße nach Dachau.

Bis zur Eingemeindung Schwabings kam es immer wieder zu kleineren Grenzkorrekturen. Neue Baulinien oder Eigentumsgrenzen (vor allem an der Burgfriedensgrenze zu München) mussten mit den Steuerdistriktgrenzen in Übereinstimmung gebracht werden.

Politische Gemeinde Schwabing (ab 1808)

Die Steuergemeinden wurden auch zur Keimzelle der politischen Gemeinden. In Schwabing war das Gebiet von Steuerdistrikt und Gemeinde identisch. Diese Gemeinden unterstanden aber zunächst einer strengen staatlichen Aufsicht durch die zuständigen Landgerichte. In der Konstitution von 1808, der ersten Verfassung des Königreichs Bayern, wird über die Gemeinden nur ein Satz verloren: „Für eine jede städtische und Ruralgemeinde wird eine Localverwaltung angeordnet werden."[25] In den Rural- oder Landgemeinden wie Schwabing gab es zwar einen Gemeindevorsteher, der von dem Vertretungsgremium der Bürger, der Gemeindeversammlung, vorgeschlagen werden konnte, der aber nur ausführendes Organ auf der unteren Verwaltungsebene war. Erst mit dem bayerischen Gemeindeedikt von 1818 – es wurde im gleichen Jahr auch Bestandteil der neuen Verfassung des Königreichs Bayern – kam eine entscheidende Veränderung. Nun spielte der Gemeindevorsteher die führende Rolle im Gemeindeausschuss. Gemeindevorsteher und Gemeindeausschuss wurden von der Gemeindeversammlung, für die das Zensuswahlrecht bestand, gewählt. Mit dem Jahr 1818 setzen auch die Sitzungsprotokolle mit allen wichtigen Beschlüssen zum Gemeindeleben ein. Die neue Gemeindeordnung von 1869 war dann ein weiterer wichtiger Schritt in Richtung kommunale Selbstverwaltung. Nun gab es auch in Landgemeinden statt eines Gemeindevorstehers einen Bürgermeister, dessen Stellung als selbstständige Behörde neben dem Gemeindeausschuss als Verwaltungsbehörde gestärkt wurde.

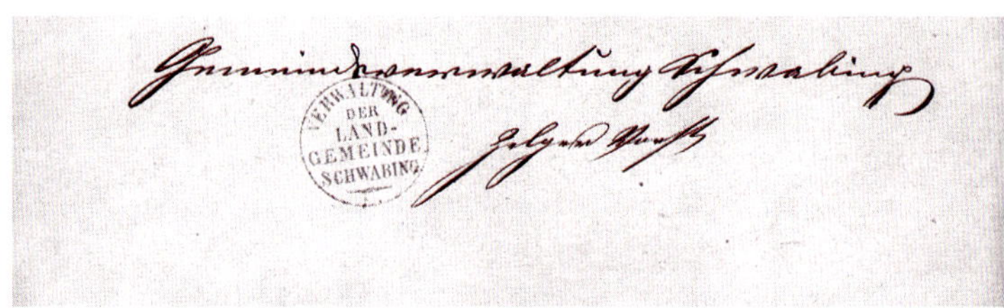

Ausschnitt aus einem Schreiben der Gemeindeverwaltung Schwabing aus dem Jahr 1868; Stempel: „Verwaltung der Landgemeinde Schwabing"; Unterschrift: [Michael] Zelger Vorsteher"

Gemeindevorsteher und Bürgermeister

Im dörflichen Schwabing stellten anfangs überwiegend Bauern bzw. Ökonomen den Gemeindevorsteher bzw. Bürgermeister. Als im Oktober 1846 die Burgfriedensgrenze zu Schwabing (wie zu den anderen umliegenden Landgemeinden) in Übereinstimmung mit den Steuerdistrikten gebracht wurde, unterzeichnete Michael Gschwend als Gemeindevorsteher und Schuhmachermeister das Protokoll.[26] Der seit 1875 amtierende Bürgermeister und Spenglermeister Xaver Scherbauer war also nicht der erste Handwerker an der Spitze der

Gemeinde. Als er im Frühjahr 1879 aus Gesundheitsgründen zurücktreten musste, wurde mit Michael Huber wieder ein Ökonom zum Bürgermeister gewählt.[27] In der Gemeindebürgerversammlung vom 16. August 1879 gab es 210 stimmberechtigte Gemeindebürger; nach der Volkszählung von 1880 hatte Schwabing damals aber bereits 7.357 Einwohner, das heißt, nur etwa drei Prozent der Bevölkerung hatte tatsächlich politisches Mitspracherecht. Dieses Mitspracherecht war an den Besitz des Bürgerrechts gekoppelt. Dieses Bürgerrecht konnten nach der Gemeindeordnung von 1869 nur selbstständige, volljährige Männer erwerben, die das Heimatrecht der Gemeinde besaßen oder seit mindestens zwei Jahren dort wohnten, eine direkte Steuer, also Haus- oder Grundstücks-, Einkommen-, Gewerbe- oder Kapitalrentensteuer zahlten.

Eine wichtige politische Zäsur setzten die Schwabinger Gemeindebürger am 1. Februar 1883, als sie den Baumeisters Alois Ansprenger als Nachfolger von Bürgermeister Huber wählten. Er sollte die Geschicke des stark wachsenden und urbaner werdenden Schwabings erfolgreich bis zur Eingemeindung nach München im Jahr 1890 führen.

Entwicklung der Landgemeinde Schwabing zu einem Münchner Vorort mit urbanen Strukturen

Bevölkerungsentwicklung Schwabings

Die Anfänge der Gemeinde Schwabing vollzogen sich noch in überschaubaren Verhältnissen. Als zum Jahr 1811 die bisherige Filialkirche St. Ursula in Schwabing von der Pfarrei Sendling abgetrennt und zu einer eigenen Pfarrei erhoben wurde, zählte man in der neuen Pfarrei 570 „Seelen".[28]

Für die Schulkinder genügte 1818 noch ein Zimmer im ersten Stock des (1904 abgebrochenen) Mesnerhauses neben der Kirche. Erst 1843 wurde für 150 Schülerinnen und Schüler sowie zwei Lehrer ein neues Schulhaus gebaut. Es stand an der danach benannten Schulstraße (nach 1891 Occamstraße) an der Ecke zur Pfarrstraße (seit 1891 Haimhauser

Straße). Da mit der Bewohnerzahl Schwabings im Jahr 1873 auch die Schülerzahl auf 448 wuchs, wurde in diesem Jahr neben dem bisherigen Schulhaus, das fortan als Mädchenschule fungierte, ein neues Knabenschulhaus gebaut (heute Städtische Kindertagesstätte an der Haimhauser Straße 17).

Die sprunghafte Bevölkerungsentwicklung Schwabings lässt sich deutlich in den Volkszählungsjahren ablesen. So stieg die Einwohnerzahl zwischen 1852 und 1871 von 1.593 auf 3.912, und wuchs in den Folgejahren kontinuierlich weiter (1875: 6.373; 1880: 7.357; 1885: 8.826).[29] Bei der Eingemeindung war die 10.000-Marke längst überschritten (1.12.1890: 11.589).

Schwabinger Landstraße als neue Achse zwischen München und Schwabing

Die Gründe für dieses rasche Anwachsen sind vielfältig. Als beliebter Wohnort für Münchner, die in der Hauptstadt arbeiteten, oder als angenehme „Pensionopolis“[30] für Münchner Privatiers hatte das stadtnahe Schwabing schon eine gewisse Tradition. Dann machte der Ausbau der Maxvorstadt als Universitätsviertel den nächstgelegenen nördlichen Vorort für Professoren und Studierende zusätzlich attraktiv; hier liegt auch der Beginn Schwabings als „idyllische Musenstadt für künstlerisch denkende Menschen.“[31]

Bestimmend für die zukünftige urbane Ausdehnung Münchens in Richtung Schwabing im frühen 19. Jahrhundert wurden neben der Anlage des Englischen Gartens und der baulichen Nutzung des zugeschütteten „Türkengrabens“ vor allem der Bau der Ludwigstraße, die städtebaulich prominenteste Öffnung und Ausdehnung der Stadt nach Norden. Das Schwabinger Tor wurde bereits 1817 als einziges der großen Münchner Stadttore abgebrochen. Das 1850 fertiggestellte Siegestor am Ende der Ludwigstraße markierte von nun an – auch wenn die tatsächlichen Grenzen noch anders verliefen – den Übergang von der Maxvorstadt nach Schwabing. Dieses Tor zur Schwabinger Landstraße hin gab nun deutlich die Zielrichtung für die weitere urbane Bauentwicklung vor. Bereits 1841 war die Weiterführung als geradlinige Pappelallee bis nach Schwabing hinein angelegt, wo noch viele Jahre die alte Landstraße mit ihrem geschwungenen Verlauf weiter parallel verlief.

An dieser neuen Pappelallee entstanden nach und nach Villen und großzügige Parkanlagen, die das Zusammenwachsen von München und Schwabing weiter verstärkten. So entstand etwas südlich der heutigen Franz-Joseph-Straße im Jahr 1845 im Auftrag König Ludwigs I. eine Villa für seine Frau Therese nach Plänen des Architekten Friedrich von Gärtners. Der dahinter gelegene weitläufige Park reichte ursprünglich bis zum Türkengraben. 1873 zog dort Prinz Leopold von Bayern, ein Sohn des späteren Prinzregenten Luitpold, ein, der mit Gisela, der Tochter des österreichischen Kaisers verheiratet war. Als gegenüber des „Palais Leopold" zwei neue Nebenstraßen der Schwabinger Landstraße entstanden, benannte man sie 1876 nach Leopold (heute Ohmstraße) und Gisela. Erst 1889 wurde der Name des Prinzen auf die Schwabinger Landstraße übertragen, zunächst vom Siegestor bis zur Stadtgrenze. Nach der Eingemeindung Schwabings wurde der Name „Leopoldstraße" 1892 bis zum „Großen Wirt" (an der heutigen Münchner Freiheit), 1910 dann bis zur Münchner Stadtgrenze gegen Norden ausgedehnt.

Das Gebiet östlich der Schwabinger Landstraße gehörte noch zur Münchner Schönfeldvorstadt. Hier ist die Parklandschaft der Münchner Familie Rosipal zu erwähnen, die nach und nach viele Grundstücke in ihren Besitz brachte. An der Wiesenstraße (die heutige Königinstraße), die mit ihrem geschwungenen Verlauf die Hangkante zum Isartal nachzeichnet und ebenfalls ein beliebter Spazierweg der Münchner nach Schwabing war, ließ Carl Rosipal, der auch spanischer Konsul war, im Garten seiner „Villa Rosipal" (Königinstraße 28) zwischen 1860 und 1870 den ersten Münchner Zoo anlegen.

Eine Innovation, die der Großstadtausbau mit sich brachte, rückte Schwabing näher an München heran: Eine der ersten Linien des öffentlichen Nahverkehrs, die damals noch privat betriebene Pferdetrambahn, führte seit September 1877 über die Schwabinger Landstraße bis zur nördlichen Burgfriedensgrenze auf der Höhe der Nikolaistraße und wenige Monate später schon bis zum „Großen Wirt" in Schwabing. In der Wilhelmstraße in Schwabing wurde 1876 ein erstes Trambahndepot eingerichtet (in Funktion bis 1986). Die erste elektrisch betriebene Straßenbahn, ein von August Ungerer privat betriebenes Unternehmen, fuhr seit 1886 vom „Großen Wirt" (der Bahnhof befand sich an der Stelle der heutigen Erlöserkirche) durch die Ungererstraße bis zum Ungererbad. Der Betrieb der Ungererbahn wurde 1895 wieder eingestellt, dafür wurde die städtische Pferdetram bis zum Bad verlängert. Erst nach Einführung der elektrischen Trambahn in München wurde ab dem 19. Februar 1900 auch die Strecke nach Schwabing, die noch im selben Jahr bis zum Nordfriedhof verlängert wurde, von der „Elektrischen" befahren.

Fürmeier-Schmiede Ecke Leopold-/Herzogstraße mit Pferdetrambahn, Zeichnung um 1880

Wandel der Berufs- und Bevölkerungsstruktur in Schwabing

Das Dorf Schwabing selbst befand sich ab der Mitte des 19. Jahrhunderts im Umwandlungsprozess von einer einfachen Landgemeinde mit bäuerlich-handwerklicher Bevölkerung zu einer Kommune mit urbanen Strukturen.

Ein Blick auf die Berufsbezeichnungen in den Gemeindebürgerlisten von 1879 und 1886 zeigt, dass sich die Berufsstruktur Schwabings nach und nach städtischen Verhältnissen anglich.[32] Neben Handwerkern und Kleingewerbetreibenden, denen die 1868 eingeführte Gewerbefreiheit das Erlangen einer entsprechenden Konzession erleichterte, finden wir nun auch freie akademische Berufe (z.B. Ärzte, Professoren) oder Angestellte im kaufmännischen und technischen Bereich (z.B. Bankbeamte, Ingenieure).

Für diese bürgerliche Bevölkerung waren die vielen Neubauten bestimmt, die nach 1870 in der Gründerzeit in dem weiten Feld- und Wiesenland westlich der alten Schwabinger Landstraße entstanden. Die dichtere Bebauung begann zunächst am südlichen Gemeinderand entlang des Münchner Burgfriedens und schob sich entlang der heutigen Hohenzollern- und Herzogstraße von Osten nach Westen vor.

Arbeitergemeinde Schwabing

Nicht nur die bürgerlichen Kreise verliehen Schwabing zunehmend einen städtischen Charakter, sondern auch die hier wohnenden Arbeiter der Maschinenfabrik, die 1837 von Joseph Anton von Maffei in der Hirschau gegründet worden war. Der Münchner Geschäftsmann hatte das in der Hirschau seit 1814 bestehende Lindauer'sche Eisenhammerwerk angekauft und spezialisierte sich bald auf den Bau von Lokomotiven. Die erste in Bayern hergestellte Lokomotive ging 1841 von der Hirschau aus auf Probefahrt.[33] Der Ausbau des Eisenbahnnetzes in ganz Deutschland sorgte für eine gute Konjunktur. 1855 arbeiteten hier 700 Arbeiter, 1864 konnte die Fertigstellung der 500. und zehn Jahre später der 1000. Lokomotive gefeiert werden. Da die Fabrik in der Hirschau über keinen Gleisanschluss verfügte (dieser wurde erst 1901 zum Schwabinger Güterbahnhof hergestellt), bereitete der Transport der fertigen Lokomotiven zum Bahnhof in München erhebliche Schwierigkeiten, die auch zu Auseinandersetzungen mit der Gemeinde Schwabing führten. Hier wurde als Zugmaschine eine sogenannte Straßenlokomotive eingesetzt, die auf ihrem Weg rund um den Kleinhesseloher See und durch das dörfliche Schwabing durch Lärm und herabfallende Brennmaterialien Pferde und Zugtiere scheu machte.[34]

Nach dem von dem Bezirksarzt Prof. Dr. Josef Anton Kranz im Jahr 1861 erstellten Physikatsbericht für seinen Landgerichtsbezirk München links der Isar, der mit seiner topographischen und vor allem ethnographischen Beschreibung eine wichtige Quelle für das Alltagsleben in den Orten rund um München ist, gab es damals nur zwei Fabriken im Bezirk: „die Papierfabrik des Baron von Beck in Pasing und die Maffei'sche Maschinenfabrik in der Hirschau bei Schwabing".[35]

Doch die industrielle Entwicklung ging auch in Schwabing weiter. 1867 wurde am Würmkanal bei Schloss Biederstein die Lederfabrik Hesselberger errichtet. 1870 legte Johann

Transport einer Lokomotive von der Maffei'schen Fabrik in der Hirschau durch Schwabing zum Münchner Hauptbahnhof, hier vor der Akademie der Bildenden Künste, Fotografie von J. B. Franta, 1896

Georg Frey den Grundstein für seine große Lodenfabrik an der Osterwaldstraße, in der mehrere hundert Arbeiter beschäftigt waren.

Neben diesen beiden großen Fabriken gab es in Schwabing viele kleine Gewerbebetriebe und Fabriken, in denen u.a. chemisch-pharmazeutische Produkte sowie Eis, Fett, Feuerwerkskörper, Gelatine, Kalk, Lackleder, Leim, Watte und Zündhölzer hergestellt wurden.[36]

Der Bevölkerungsanstieg durch den Zuzug von Arbeitskräften wurde zunächst mit einer weiteren Verdichtung in Alt-Schwabing bewältigt. Für viele dieser Arbeiter entstanden in Schwabing verschiedene Wohnmöglichkeiten, neben dreistöckigen Zinsburgen mit Dachwohnungen auch die Arbeitersiedlung „Sackzipfel" an der Kunigundenstraße. Schon 1873 gab es eine Sektion der Sozialdemokratischen Arbeiterpartei in Schwabing.

Infrastruktur

Die rasche Bevölkerungszunahme erforderte den Aufbau einer umfangreichen und intensiven Infrastruktur. Dazu gehörte, neben der schon erwähnten Schule an der Haimhauser Straße (1873), der 1860 erfolgte Umbau einer Villa an der Bachstraße (seit 1882 Prinzen-, seit 1891

Mandlstraße) zu einem ersten kleinen Krankenhaus. Trotz Erweiterung im Jahr 1864 konnte es den Bedarf nicht decken, und es wurde 1885 an der Clemensstraße ein Krankenhaus-Neubau errichtet, der erst durch den Bau des städtischen Schwabinger Krankenhauses ab 1904 ersetzt wurde (1912 zog in der Clemensstraße 33 die renommierte „Lehr- und Versuchsanstalt für Photographie" ein).[37]

Auch der kleine Friedhof um die alte Ursulakirche wurde rasch zu klein und er wurde zwischen 1852 und 1861 in nordwestlicher Richtung erweitert. 1884 kaufte die Gemeinde an der Freisinger Landstraße mehr als einen Kilometer außerhalb der Ortschaft ein großes Areal für einen neuen Friedhof mit Leichenhaus an, der später im neuen Nordfriedhof der Stadt München aufging.[38]

Hygiene

In hygienischer Sicht kam die kleine Landgemeinde mit ihren geringen Investitionsmöglichkeiten schnell an ihre Grenzen, was immer wieder zu Verhandlungen mit der Stadt München führte. So forderte Schwabing bereits 1864 von München (im Zuge der ersten Eingemeindungsverhandlungen) eine Abwasserkanalisation. Nachdem die Stadt München ihre schlechte Versorgung mit gutem Trinkwasser durch eine Wasserleitung aus dem Mangfalltal erheblich verbessert hatte, drängte 1884 die Gemeindeverwaltung in Schwabing an einen Anschluss an dieses Wasserversorgungssystem. Dies scheiterte aber zunächst an der ländlichen Gemeindeverfassung, die eine Zustimmung der ganzen Gemeindeversammlung erforderte. Die in Berlin erscheinende „Deutsche Gemeinde-Zeitung" kommentierte in einem Artikel über den „Übergang von der ländlichen zur städtischen Gemeindeverfassung" am Beispiel Schwabings bissig: „Was nun aber gerade das Trinkwasser betrifft, so ist von diesem freien Willen und vom Entgegenkommen einer stark bierkonsumierenden Bevölkerung wenig zu hoffen."[39]

Eine wichtige hygienische Funktion hatten auch die Freibäder, von denen es im Norden Schwabings entlang des Nymphenburg-Biedersteiner-Kanals einige gab: Seit 1833 das Georgenschwaigbad am Ende des „Türkengrabens" (das erst nach 1901 vom Besitzer Ludwig Obermayer zu einem Familienbad ausgebaut wurde und sich seit 1926 im Besitz der Stadt München befindet); seit 1855 das Kafflbad an der Landstraße nach Ingolstadt (wurde später zum Ludwigsbad erweitert, das bis 1923 bestand); seit 1855 das Schullerbad, das 1869 nach dem Erwerb durch August Ungerer zur Badelandschaft „Ungererbad“ ausgebaut wurde (seit 1911 durch Schenkung des Besitzers in städtischem Besitz); seit 1876 das große Germaniabad des Textilunternehmers Johann Georg Frey (das bis 1897 existierte), der zuvor schon seit 1850 auf seinem späteren Fabrikareal an der Osterwaldstraße das Dianabad betrieben hatte.

Noch 1861 musste aber der Bezirksarzt Dr. Kranz in seinem Physikatsbericht im Kapitel „Reinlichkeit“ feststellen: „In der neuern Zeit, und zwar auf meine Veranlassung, wurden an der Würm und an den Kanälen viele Badeanstalten errichtet. Diese werden aber fast ausschließlich nur von Bewohnern Münchens benützt; unsere Leute ignorieren sie fast vollständig.“[40]

Städtisches Flair

Seit 1878 hatte Schwabing eine eigene Gemeindezeitung mit dem Titel „Schwabinger Wochen-Anzeiger. Wochenblatt für Schwabing und Umgebung“. Als verantwortlicher Redakteur und Herausgeber zeichnete Josef Osterhuber. Er ließ die Zeitung in seinem Verlag drucken, der erst in der Siegesstraße 29, dann in der Baumstraße 5 (heute Hesseloher Straße) angesiedelt war.[41]

Um 1885 gab es in Schwabing bereits 70 Wirtshäuser. Im „Gasthaus zu den 7 Schwaben“ in der Schulstraße (nach 1891 Occamstraße 13) entstand das Schwabinger Stadttheater.

Städtisches Flair erhielt Schwabing 1886 auch durch die Anschaffung von Straßenschildern aus Email.[42] Bei Straßenumbenennungen wurden schon früh und noch zu Lebzeiten der Betroffenen Persönlichkeiten geehrt, die sich um Schwabing verdient gemacht hatten. So gab es seit 1884 die Maffeistraße (1891 in Feilitzschstraße umbenannt), die Freystraße und die Ungererstraße (vorher Freisinger Landstraße).

Den Anschluss an die große Politik suchte die Schwabinger Gemeindeverwaltung zum 70. Geburtstag des deutschen Reichskanzlers Otto von Bismarck und benannte im März 1885 eine Straße nach ihm.[43] In einem gedruckten und typographisch schön gestalteten Glückwunschschreiben vom 21. März 1885 heißt es: „Auch die Bewohner des alten Swapinga – des uralten Vorortes der Hauptstadt Bayerns – wagen es an-

Titel der seit 1878 erscheinenden Schwabinger Gemeindezeitung

II. Jahrgang.

Schwabinger Wochen-Anzeiger.

Erscheint jeden Samstag Morgens 10 Uhr und kostet vierteljährlich 60 Pf. Einzelne Nummer 5 Pfg.

Expedition: Maffeistraße No. 12. Insertionspreis Dießgespaltene Petitzeile 10 Pfg.

Wochenblatt für Schwabing und Umgebung.

Nr. 32. Sonntag, den 10. August. 1879.

durch, Euer Durchlaucht die Gefühle ihrer Liebe und schuldigen Dankes zum Ausdruck zu bringen und damit den Wunsch zu verbinden, dass der Ewige Euere Durchlaucht noch lange Jahre erhalte in Gesundheit und Kraft zum Wohle des Deutschen Vaterlandes."[44]

Erhebung Schwabings zur Stadt (zum 1. Januar 1887)

Erste gescheiterte Eingemeindungsverhandlungen (ab 1862)

Durch das schnelle und stetige Anwachsen Schwabings sowie die schwindende räumliche Distanz zu München wurden bereits 1862/63 beim Münchner Magistrat Überlegungen angestellt, nach der Eingemeindung von Haidhausen, Giesing und der Au im Jahr 1854 auch eine solche von Schwabing zu prüfen. Eine Kumulativ-Kommission, bestehend aus Mitgliedern des Magistrats und des Kollegiums der Gemeindebevollmächtigten, der bezeichnenderweise auch der Gemeindebevollmächtigte und Unternehmer Joseph Anton von Maffei angehörte, kam zu folgendem Entschluss:

„Die Gemeinde Schwabing besteht zum überwiegenden Theile bereits aus Gewerbeleuten, welche ihre ganze Existenz in der Hauptstadt finden, die beiden Gemeinden hängen mit ihren Gebäuden bereits so innig zusammen, dass ein Abstand zwischen denselben nicht mehr sichtbar ist, und da auch der Gemeindebezirk bis auf den Kugelfang herüber sich erstreckt, woselbst das neue Zeughaus gebaut werden soll, so entsteht auch hier wie bei Neuhausen ein Grund, die Vereinigung Schwabings mit München anzustreben."[45]

Die Gemeinde Schwabing lehnte dieses Münchner Ansinnen zunächst ab. Auf eine erneute Initiative Münchens im August 1864 ging die Gemeinde jedoch ein, knüpfte ihre Zustimmung aber an zahlreiche Bedingungen: Bau einer neuen Pfarrkirche, Verbesserung der Straßenbeleuchtung und der Schulverhältnisse, Bau eines Durchzugskanals zur Entwässerung. Diese Forderungen wurden diesmal von Münchner Seite abgelehnt bzw. die weiteren Verhandlungen wurden im März 1865 offiziell mit Rücksicht auf die bevorstehende Novellierung der Gemeindegesetzgebung zurückgestellt. Doch als 1869 die neue Gemeindeordnung

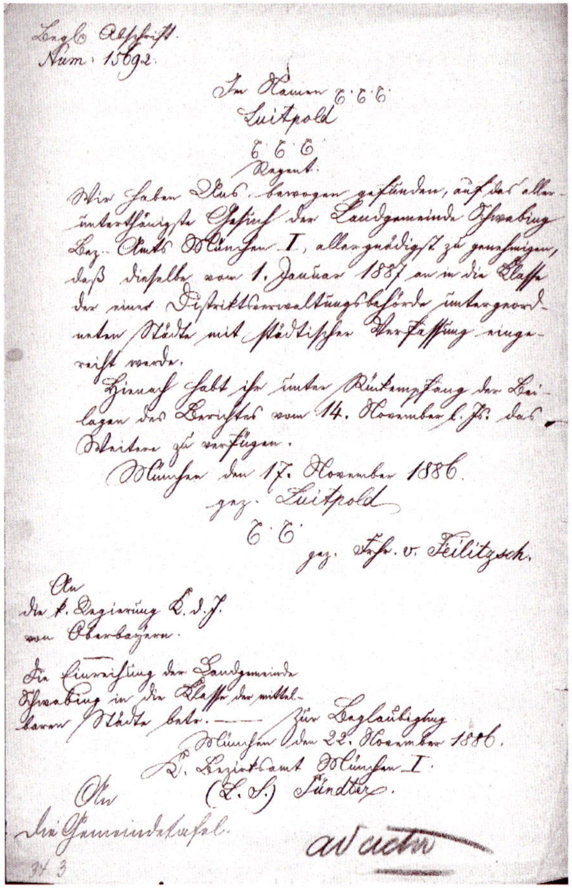

Legale Abschrift.
Num. 15692.

Im Namen S. M.
Luitpold
K. K. K.
Regent.

Wir haben Uns bewogen gefunden, auf das allerunterthänigste Gesuch der Landgemeinde Schwabing Bez. Amts München I, allergnädigst zu genehmigen, daß dieselbe vom 1. Januar 1887 an in die Klasse der einer Distriktsverwaltungsbehörde untergeordneten Städte mit städtischer Verfassung eingereiht werde.

Hierauf habt ihr unter Rückempfang der Beilagen des Berichtes vom 14. November l. Js. das Weitere zu verfügen.

München den 17. November 1886.
gez. Luitpold
K. K.
gez. Frhr. v. Feilitzsch.

An
die k. Regierung K. d. J.
von Oberbayern.

Die Einreihung der Landgemeinde Schwabing in die Klasse der mittelbaren Städte betr.

Zur Beglaubigung
München den 22. November 1886.
K. Bezirksamt München I.
(L. S.) [illegible]

An
die Gemeindetafel.

ad acta

Genehmigung von Prinzregent Luitpold zur „Einreihung der Landgemeinde Schwabing in die Klasse der mittelbaren Städte“, 17. November 1886

in Kraft getreten war, griff der Münchner Magistrat die Verhandlungen nicht wieder auf, obwohl die Gemeinde Schwabing auf einen Teil ihrer Bedingungen verzichtet hatte. In den Münchner Unterlagen über diese Verhandlungen findet sich auch eine „Übersicht über den Stand der conscribierten Armen in der Gemeinde Schwabing“ aus dem Jahr 1868 mit 23 Namen, die nach einer Eingemeindung von München unterstützt hätten werden müssen.[46]

Im Jahr 1874 wandten sich 570 Schwabinger, die noch kein Bürgerrecht und damit kein politisches Mitspracherecht erworben hatten, in einer Petition an die benachbarte Residenzstadt: „Wohl aber wächst, fast kann man sagen tagtäglich, die Zahl der sich in Schwabing einmietenden und einkaufenden städtischen Bevölkerung; mit Amt, Geschäft und allen Interessen nach München gehörig, hat sie einen natürlichen Zug nach Vereinigung ihres Domizils mit München, und in der Gemeinde selbst noch Stimme sieht sie sich auf den Weg gegenwärtiger Petition verwiesen.“[47]

Schwabings Weg zur Stadterhebung

Da dennoch keine weiteren Verhandlungen in Gang kamen, beantragte der Gemeindeausschuss am 14. März 1880 beim zuständigen Bezirksamt München I die Erhebung der Landgemeinde Schwabing in die Klasse der Städte. Die in der Knabenschule einberufene Versammlung der Gemeindebürger stimmte am 16. Juli 1881 dem Antrag mehrheitlich zu.[48] Diese verfassungsrechtliche Bestimmung der Gemeindeordnung, dass in einer Landgemeinde alle Beschlüsse des Gemeindeausschusses in wesentlichen Fragen umständlich von der in Schwabing mittlerweile über 200 Mitglieder umfassenden Gemeindeversammlung bestätigt werden mussten, wurde zum Hauptargument für den Wunsch nach einer städtischen Verfassung. Danach wäre neben einem zehnköpfigen Magistrat als zweites Organ und Gemeindevertretung ein unmittelbar gewähltes Kollegium von nur noch 30 Gemeindebevollmächtigten vorgesehen, das auch den Bürgermeister direkt wählte.

Die Bearbeitung des Schwabinger Antrags auf Stadterhebung geriet jedoch ins Stocken. Nach Ansicht des Bezirksamts München I waren noch viele verwaltungstechnische und finanzielle Fragen offen, die erst der 1883 gewählte tatkräftige Bürgermeister Alois Ansprenger klären konnte. Der Gemeindeausschuss fasste am 7. April 1886 den einstimmigen Beschluss, beim Bezirksamt München I einen erneuten Antrag auf Stadterhebung zu stellen, dem als Begründung ein ausführliches Referat des Gutsbesitzers und Beigeordneten Ludwig Petuel beigelegt wurde. Auch die Gemeindeversammlung (von 349 Stimmberechtigten waren 267 anwesend) stimmte am 18. April 1886 der Änderung der Gemeindeverfassung zu.[49]

Am 17. November 1886 endlich genehmigte Prinzregent Luitpold, dass die Landgemeinde Schwabing „vom 1. Januar 1887 an in die Klasse der einer Distriktsverwaltungsbehörde untergeordneten Städte mit städtischer Verfassung eingereiht werde“.[50]

Schwabing als Stadt (1887 – 1890)

Bürgermeister Alois Ansprenger

Alois Ansprenger wurde am 24. September 1853 in Neu-Ulm geboren. Er war von Beruf „Baumeister“ und wohnte in Schwabing in der Siegesstraße 29. Am 5. November 1875 hatte er das Schwabinger Bürgerrecht erworben.[51] Nachdem er bereits seit 1883 Bürgermeister der Landgemeinde Schwabing gewesen war, wurde er am 11. Dezember 1886 von dem neuen 30-köpfigen Kollegium der Schwabinger Gemeindebevollmächtigten mit 29 Stimmen zum Bürgermeister der Stadt Schwabing gewählt.[52]

Im September 1887 konnte Ansprenger für die Stadt Schwabing das neue „Rathaus“ an der Schwabinger Landstraße (heute Leopoldstraße 59) beziehen mit Räumen für die Verwaltung sowie Sitzungssälen für den Magistrat und das Gemeindekollegium.[53]

Ansprenger setzte sich in den knapp vier Jahren der Stadtherrlichkeit Schwabings äußerst engagiert und kompetent für seinen Heimatort ein; er sorgte schließlich im Jahr 1890 dafür, dass die seit vielen Jahrzehnten kontrovers diskutierte Eingemeindung nach München harmonisch über die Bühne ging.

Auch nach der Eingemeindung blieb Ansprenger als Vertreter der liberalen Partei politisch aktiv. Er saß zwischen 1891 und 1896 im Münchner Magistrat, dann wenige Monate im Kollegium der Gemeindebevollmächtigten, bis er im Januar 1897 erneut in den Magistrat gewählt wurde, dem er bis zu seinem Tod am 29. November 1913 angehörte.[54]

Alois Ansprenger, Bürgermeister der Stadt Schwabing, in Amtsuniform, 1890

Stadtwappen Schwabings

Als stolze Stadt wollte Schwabing auf ein eigenes Stadtwappen nicht verzichten. Bereits am 22. Mai 1886 hatte der königliche Geheimsekretär im Geheimen Staatsarchiv Ernst von Destouches, der auch Archivar und Chronist der Stadt München war, der Gemeindeverwaltung einen Vorschlag gemacht, dem eine Zeichnung und eine ausführliche Geschichte Schwabings beigefügt war. Für die Blasonierung des Wappens fand er folgende Formulierung:

„Im blauen oder azurfarbenen Schild zwölf goldene Ähren, deren Halme von einem silbernen, zu einer Schleife verschlungenen, an den flatternden Enden und zwar rechts die Jahreszahl 782 und links die Jahreszahl 1886 tragenden Bande zusammengehalten werden; den Schild von einer grauen Mauerkrone überragt."

In seiner Erläuterung des Wappens schreibt Destouches: „Die goldenen Ähren im blauen Felde sollen der symbolische Ausdruck für den bisherigen Charakter Schwabings als ländliche Siedlung, als Dorfgemeinde, sollen der symbolische Ausdruck für goldenen Erntesegen unter Himmels-Bläue sein."

Im Originalschreiben findet sich neben dieser Passage folgende distanzierte Bleistiftnotiz von Bürgermeister Ansprenger: „Jetzt hat es aber doch recht diesen Charakter verloren. Nach einer Äußerung der Gemeindeverwaltung treibt nur etwa 1/6 der Bevölkerung Ackerbau, 2/3 gehören den Gewerbetreibenden u(nd) dem Arbeiterstande an."

Dennoch beschloss der Gemeindeausschuss am 2. Juni 1886 dieses vorgeschlagene Stadtwappen ohne Änderung.[55] Prinzregent Luitpold genehmigte am 29. Dezember 1886 das Wappen – „jedoch mit Weglassung der Jahreszahlen 782 – 1886 auf dem Spruchbande".[56]

Das Stadtwappen zierte nun auch die im 10. Jahrgang erscheinende Schwabinger Gemeindezeitung. Sie änderte ab Januar 1887 nicht nur das Layout (mit fast beschwingtjugendstilhafter Typographie), sondern auch den Titel: Aus dem „Schwabinger Wochen-Anzeiger" wurde das „Schwabinger Wochenblatt. Organ für die Stadt Schwabing und Umgebung".[57] Das Stadtwappen blieb im Zeitungskopf, auch als 1889 noch einmal der Zeitungstitel verändert wurde in „Schwabinger Gemeinde-Zeitung. Wochenblatt für Schwabing und Umgebung" (im Untertitel: „zugleich vom Stadtmagistrat Schwabing zur Aufnahme aller amtlichen Bekanntmachungen bestimmt").[58]

Links: Ernst von Destouches an seinem Arbeitsplatz (mit einigen Bänden der von ihm geführten Stadtchronik) im Stadtarchiv München (zwischen Altem Rathaus und Petersberg), Fotograf: H. Traut, 1892

Rechts: Entwurf für ein Wappen der Stadt Schwabing, 1886 (die Jahreszahlen in den Schleifen wurden nicht genehmigt und sind deshalb durchgestrichen)

Ernst von Destouches erhielt für die Kreierung des Stadtwappens durch Magistratsbeschluss vom 17. Januar 1887 die Ehrenbürgerwürde der Stadt Schwabing verliehen.[59] Das von Fritz Weinhöppel kalligraphisch ausgestaltete und am 6. März 1887 ausgestellte Diplom wurde dem neuen Ehrenbürger am 6. Juni an seinem Arbeitsplatz im Stadtarchiv auf dem Petersplatz von einer Deputation der jungen Stadt überreicht.[60] Destouches hat das für ihn wichtige Ereignis in seiner Stadtchronik detailliert festgehalten; er zählt alle Mitglieder der Deputation auf, darunter Bürgermeister Alois Ansprenger persönlich („in Amtstracht"), Stadtschreiber Wittmann als Vertreter des Magistrats sowie Fabrikant Dr. Hermann Ostermaier und Hofapotheker Engel als Vorstand bzw. Vertreter des Gemeindekollegiums.[61]

Destouches blieb in der kurzen Ära Schwabings als Stadt der einzige Ehrenbürger. Ihm wurde aber noch eine weitere große Ehrung zuteil. Am 2. April 1890 beschloss der Schwabinger Magistrat, „die von der Bismarck- zur Belgradstraße führende neu errichtete Straße als ‚Destouches'-Straße zu benennen" in – wie dem Archivar mitgeteilt wurde „dankbarer Anerkennung Ihrer hohen Verdienste um die Stadt Schwabing."[62]

Bauplan des neuen Schulhauses an der Wilhelmstraße in Schwabing, September 1886

Weitere Infrastrukturmaßnahmen: Neues Schulhaus

In den knapp vier Jahren, in denen Schwabing den Status einer Stadt hatte, wurden weitere Maßnahmen zur Verbesserung der Infrastruktur getätigt, genannt seien hier nur Straßenregulierung, Wasserleitung und Kanalisation, wodurch das Niveau im Vergleich zu München zumindest gleich hoch gehalten wurde.

Am 2. Mai 1887 konnte der Grundstein für das schon lange auch vom Bezirksamt München I dringend geforderte dritte Schulhaus gelegt werden, denn die beiden Schulhäuser im alten Ortskern waren für die mittlerweile 1.145 Schüler in Schwabing zu klein geworden. Das neue Schulhaus lag an der Wilhelmstraße und diente auch der Erschließung der neuen Wohngebiete westlich der Schwabinger Landstraße. Bereits am 17. Oktober 1887 fand die feierliche Übergabe statt.[63]

Elektrische Straßenbeleuchtung für Schwabing

Bei den Investitionen für die Straßenbeleuchtung setzten die Schwabinger Stadtväter ganz innovativ auf moderne Technologie. Während München sich wie viele andere Städte für eine Gasbeleuchtung entschieden hatte, führte Schwabing noch vor München die elektrische Straßenbeleuchtung ein. München konnte wegen langfristig abgeschlossener Verträge mit einer Gasgesellschaft nicht so schnell wechseln und hatte sich lediglich 1886 von der Firma Einstein, die dem Onkel des späteren Physikers Albert Einstein gehörte, das Oktoberfest illuminieren lassen. Diese Firma bekam nun in Schwabing den Auftrag für eine elektrische Straßenbeleuchtung und legte am 1. Dezember 1887 einen Kostenvoranschlag für 172 Glühlampen à 16 Normalkerzen und acht Bogenlampen à 1.000 Normalkerzen Leuchtkraft vor (die Gesamtsumme ergab einen Betrag von 25.934,25 Mark). Größter Fürsprecher der Elektrifizierung Schwabings war Magistratsrat Ludwig Petuel, der sich gleichzeitig von der Firma Einstein eine elektrische Anlage in den Keller seiner Schwabinger Brauerei bauen ließ, durch die neben der Brauerei auch die Gastwirtschaft elektrisch beleuchtet wurde. Am 26. Februar 1889 gab es zur Übergabe der elektrischen Zentrale an die Stadt eine große Eröffnungsfeier vor dem neuen Feuerhaus an der Pfarrstraße (seit 1891: Haimhauser Straße), an der aus München auch die Bürgermeister Johannes von Widenmayer und Wilhelm von Borscht sowie Baurat Arnold Zenetti teilnahmen. Auch Ernst von Destouches, der Ehrenbürger der Stadt Schwabing, war eingeladen. Der Archivar, der auch literarisch in Erscheinung trat, hatte eigens zu diesem Anlass „Suapinga's Weihe-Gruß“ gedichtet. Die letzte Strophe dieses von der örtlichen Kindergärtnerin „Fräulein“ Therese Nägerl vorgetragenen Gedichts lautete:

„Ja, eine Fülle Lichts soll sich ergießen
Voll Zauber über diese Stadt jetzt aus.
O wollet freud'gen Herzens es begrüßen,
Und heller Jubel schall' von Haus zu Haus!
Du aber, Urquell alles Lichts da droben,
der du jetzt niederblickst aus Sternenschein,
Laß diese Feierstunde, lichtumwoben,
Zu Heil und Segen stets Suapinga sein!“

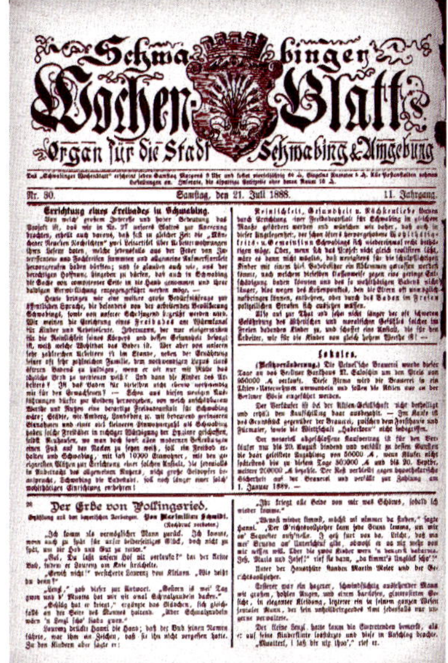

Schwabinger Wochen-Blatt
Organ für die Stadt Schwabing & Umgebung

Nr. 30. Samstag, den 21. Juli 1888. 11. Jahrgang.

Errichtung eines Freibades in Schwabing.

Lokales.

Der Erbe von Wollingsried.

Die Zeitung der Stadt Schwabing mit veränderter Titulatur und Stadtwappen, 1888

Nach einem Feuerwerk und der Ovation auf den Prinzregenten begann eine nächtliche Korso-Fahrt mit 150 Wagen durch mehrere Straßen der Stadt Schwabing. Ziel der Fahrt war die Salvatorbrauerei Petuel; dort endete das Festprogramm mit einer „Familienunterhaltung mit Musik- und Gesangsvorträgen“.[64]

Die gesamte Leitungsanlage wurde als Freiluftleitung gebaut und gab dem Stadtbild Schwabings ein verändertes, etwas amerikanisches Aussehen. Die ortspolizeilichen Vorschriften mussten deshalb erweitert werden, sodass das Steigenlassen von Papierdrachen in der Nähe der Drahtleitungen verboten wurde. Die Kosten einer unterirdischen Kabelverlegung wären so hoch gewesen, dass das Projekt nicht durchführbar gewesen wäre. Laut Rechnung vom 2. März 1889 hatten sich die Kosten schon während der Bauphase auf 43.987,13 Mark erhöht.

Brauereibesitzer und Magistratsrat Ludwig Petuel, Foto: H. Mathaus, Wien, 1890

Nachzutragen bleibt, dass dieser Auftrag der Münchner Firma Einstein nicht den erhofften Erfolg und Gewinn brachte. So erhielt sie nicht auch den Auftrag für eine elektrische Straßenbeleuchtung in München (die Firma zog deshalb 1894 von München nach Italien), sondern die Nürnberger Firma Schuckert. Während die Firma Einstein ihre technischen Anlagen wie in

Kosten-Anschlag
für den
hohen Magistrat der Stadt Schwabing
von
der Electro-technischen Fabrik J. Einstein & Co München
über
eine electr. Straßenbeleuchtung mit 172 Glühlampen
à 16 Normalkerzen & 8 Bogenlampen à 1000 Normalkerzen

Fest-Karte
zu der am
Dienstag, den 26. Februar 1889 abends 7 Uhr
stattfindenden
Eröffnungs-Feier
der elektr. Straßenbeleuchtung der Stadt Schwabing.

Am 14. Februar 1889.
Stadtmagistrat Schwabing.
Aufsprenger, Bürgermeister.

Nur Inhabern von Festkarten ist die Theilnahme gestattet.

Bitte umzuwenden!

Links: Kostenvoranschlag der Firma Einstein für eine elektrische Straßenbeleuchtung in Schwabing (1. Dezember 1887)

Rechts: Festkarte für die Eröffnungsfeier der elektrischen Straßenbeleuchtung in Schwabing am 26. Februar 1889

Schwabing mit Gleichstrom betrieb, setzte Schuckert wie auch die Firma Siemens & Halske in Berlin auf Wechselstrom, eine Technologie, die in den Folgejahren den Siegeszug davontrug.[65]

Schwabing als Zentrum der Panoramaherstellung

Nicht nur bei der elektrischen Straßenbeleuchtung, sondern auch bei der Produktion von Panoramen, einer für diese Zeit typischen Erscheinung der Unterhaltungskultur (vor Einführung des Kinos), spielte Schwabing eine gewisse Vorreiterrolle. In München gab es 1885 bereits drei spezielle Ausstellungsgebäude für diese gemalten 360-Grad-Rundbilder. München und vor allem Schwabing wurden in den folgenden Jahren aber auch zum Zentrum der Produktion von Panoramen. Diese riesigen Gemälde mit einer Größe von 15 x 120 Metern wurden in runden Ateliergebäuden aus Holz hergestellt, die einen Durchmesser von ca. 40 Metern hatten. Diese Ateliers lagen weit außerhalb der Stadtgrenzen, wo der Grund noch günstig war. Ein Panorama-Atelier befand sich auf der Theresienhöhe neben dem Bavaria-Park hinter der Ruhmeshalle, drei Ateliers hatten aber ihren Standort in Schwabing. In diesen Schwabinger Ateliers wurden seit 1887 13 der etwa 30 nachweislich in München produzierten Panoramen gemalt. Auf Fotografien lassen sich zwei dieser Ateliergebäude lokalisieren: an der Schwabinger Landstraße (in Höhe des heutigen Parzivalplatzes) und an der damaligen Helmholtzstraße 4 (am Westrand des Ungererbades).[66]

Das Panoramagebäude an der Schwabinger Landstraße, um 1895. In dieser Luftaufnahme aus einem Ballon ist unten der Biedersteiner See mit den beiden Schlössern zu sehen, in der Mitte das gerade erschlossenen Gelände zwischen Kunigunden- und Ungererstraße; am rechten Bildrand das Ungererbad und der Nymphenburg-Biedersteiner-Kanal; am oberen Bildrand das hölzerne Rundgebäude des Panorama-Ateliers gegenüber vom Parzifalplatz.

In dem Atelier an der Schwabinger Landstraße produzierte der Maler Philipp Ernst Fleischer vor allem Schlachtenpanoramen. Ernst von Destouches berichtet in der Münchner Stadtchronik am 31. März 1888 von der Fertigstellung des Panoramas „Battle of Bannockburn", das vom „Great Scottish National Panorama" in Glasgow in Auftrag gegeben worden war: „Wieder ist in einer jener drei geheimnisvollen Bretterrotunden in unserer Nachbarstadt Schwabing ein Kunstwerk von kolossalen Dimensionen und sicherlich mehr als gewöhnlicher Bedeutung gereift."

Ende Oktober 1889 hatte Fleischer nach nicht ganz vier Monaten sein viertes Schlachtenbild „Battle of Waterloo" fertiggestellt und öffnete sein Atelier für einige Tage zur allgemeinen Besichtigung.[67]

Auch nach der Eingemeindung Schwabings nach München wurden zumindest zwei dieser Ateliers weitergenutzt. Das Atelier an der Schwabinger Landstraße wurde bis 1898 genutzt.[68] Das Atelier in der Helmholtzstraße findet zuletzt 1912 Erwähnung, als dort der Maler Franz Alexejewitsch Roubaud im Auftrag des russischen Zaren Nikolaus II. sein Panorama-Gemälde „Schlacht von Borodino“ nach achtmonatiger Produktion am 29. Mai abschloss. Vor dem Transport nach Moskau wurde es bis zum 2. Juni in dem Ateliergebäude ausgestellt; der Erlös aus dem Eintritt (1 Mark pro Erwachsenen, Kinder die Hälfte) kam den Armen der Stadt München und dem Künstler-Witwen- und Waisen-Unterstützungsverein zugute.[69]

Kein Nordbahnhof für Schwabing

Ein dringender Wunsch des Stadtmagistrats, der Bau eines Industriegleises vom Münchner Hauptbahnhof nach Schwabing, konnte bis 1890 nicht realisiert werden, da die Verhandlungen mit den Grundbesitzern bis zur Eingemeindung noch nicht abgeschlossen waren. In dieser Zeit tauchte auch die Forderung nach einem regelrechten Nordbahnhof auf. Gerade in Freising wünschte man sich eine gerade Linie nach Schwabing und damit nach München – im Gegensatz zu der realisierten, fünf Kilometer längeren Trasse um den Nymphenburger Park herum zum Hauptbahnhof.[70] Ein Münchner „Gare du Nord“ blieb Vision. Verwirklicht wurde jedoch ein Güterbahnhof (neben dem Panoramagebäude an der Helmholtzstraße, bei der heutigen Berliner Straße) und ein Industriegleis mit Anschluss an den Nordring. Die Eröffnungsfahrt vom Münchner Hauptbahnhof zum Schwabinger Bahnhof fand am 26. September 1901 statt.

Eingemeindung Schwabings nach München (zum 20. November 1890)

Neue Eingemeindungsverhandlungen

Nach der „Einverleibung“ der Gemeinde Neuhausen zum 1. Januar 1890, die wegen des umfangreichen Eisenbahn- und Militärareals Vorrang hatte, wurde vonseiten Münchens die Eingemeindung Schwabings wieder forciert. Den ersten Anstoß gab ein Brief des Münchner Bürgermeisters Johannes von Widenmayer an seinen Schwabinger Kollegen Alois Ansprenger vom 6. Januar 1890 mit einer Einladung zu einem persönlichen Gespräch. Bereits zwei Tage später fasste der Schwabinger Magistrat in einer Geheimsitzung einen Beitrittsbeschluss. Am 13. Januar 1890 stimmte das Schwabinger Gemeindekollegium zu. Auch in München ging es nun schnell und ohne große Vorbehalte. Am 25. Februar stellte der Münchner Magistrat die Weichen auf Eingemeindung und das Kollegium der Gemeindebevollmächtigten folgte in seiner Sitzung am 13. März diesem Votum. Als Termin der Eingemeindung wurde der 20. November 1890 festgesetzt, gerade rechtzeitig, um den Schwabinger Bürgern die Teilnahme an der nächsten Wahl der Münchner Gemeindebevollmächtigten zu ermöglichen.

Umbenennung von Straßen

Zu den letzten Amtshandlungen des Schwabinger Magistrats durch Beschlüsse vom 17. bzw. 27. Oktober 1890 gehörte noch die Umbenennung von Schwabinger Straßennamen, um Doppelungen nach der Eingemeindung zu vermeiden. Mit Wirkung vom 1. Januar 1891 gab es folgende Umbenennungen: Baum- in Hesseloherstraße, Brunn- in Keferstraße, Kreuz- in Fendstraße, Pfarr- in Haimhauser Straße, Schloss- in Werneckstraße (erst danach wurde aus dem Schloss Suresnes das „Werneck-Schlössl“), Bäcker- in Beichstraße, Gärtnerweg in Angermayrstraße, Krämer- in Hörwartstraße, Prinzen- in Mandlstraße, Schul- in Occamstraße sowie Maffei- in Feilitzschstraße. Bei der letzten Straßenumbenennung wurde Innenminister Max Freiherr von Feilitzsch für seine Verdienste bei der Erhebung Schwabings zur Stadt gewürdigt ebenso wie der Bezirksamtmann Emil Pündter, nach dem 1891 neu der Pündterplatz benannt

Programm

zu der

am Mittwoch, den 19. November abends 8 Uhr

stattfindenden

Abschieds-Feier

der städt. Collegien Schwabings

im großen Saale der Salvator-Brauerei Schwabing.

1. Fest-Marsch . . . . v. Reichle.
2. Ouverture zu „Dichter und Bauer“ . . . . . . v. Suppé.
3. Begrüßungs-Ansprache.
4. Fest-Spiel.
5. Lied aus dem „Trompeter von Säkkingen“ . . . . v. Neßler.
6. * Männerchor.
7. Standartenweihe, Marsch . . . . . . v. Havermann.
8. Lied für Bariton (Hr. Brummer).
9. Donauwellen, Walzer . . . . v. Ivanovici.
10. Zither-Solo (Hr. Heindl).
11. Französischer Marsch . . . . v. Desormes.
12. * Solo-Quartett.
13. Schwanengesang aus „Lohengrin“ . . . . . v. R. Wagner.
14. Duett für Tenor & Bariton (HH. Dietrich & Brummer).
15. * Männerchor.
16. Hornquartett.
17. Hoch und Deutschmeister, Marsch . . . . . v. Ziehrer.
18. Lieder-Potpourri. . . . . v. Peters.
19. Künstlerleben, Walzer . . . . v. Strauß.
20. Liebesbrief, Polka . . . . v. Ziehrer.
21. Wiener Lieder, Quadrille . . . . v. Lorny.
22. Alpenzauber, Mazurka . . . . v. Schamann.
23. Vinea-Galopp . . . . v. Ziehrer.

Die mit * bezeichneten Piecen wurden aus Gefälligkeit vom „Männergesangverein und Liederkranz Schwabing“ übernommen.

Osterhuber's Buchdruckerei, Schwabing.

Programm der Abschiedsfeier der städtischen Kollegien in der Petuel'schen Brauerei in Schwabing am 19. November 1890

wurde. Erst zum 1. Januar 1892 wirksam wurde die Umbenennung des Schwabinger Teilstücks der Schwabinger Landstraße in Leopoldstraße, die ebenfalls noch der Schwabinger Magistrat beschlossen hatte.[71]

Nach der Eingemeindung kam es noch zu einer Änderung der Reihenfolge der Hausnummern, denn nun wurde nicht mehr von der Schwabinger Ursulakirche ausgehend gezählt, sondern von der Münchner Stadtmitte.

Letzte Sitzungen der Gemeindekollegien

Das Schwabinger Kollegium der Gemeindebevollmächtigten tagte ein letztes Mal am 10. November, der Schwabinger Magistrat am 18. November 1890.[72]

Am 19. November 1890 lud Bürgermeister Alois Ansprenger beide Kollegien um 18.30 Uhr zu einer gemeinsamen Schluss- und Festsitzung in das neue Schulhaus in der Wilhelmstraße ein. Im Anschluss fand um 20 Uhr im großen Saal der Salvatorbrauerei in Schwabing die Abschiedsfeier statt. Auch der Münchner Bürgermeister Johannes von Widenmayer und Vertreter beider städtischer Kollegien nahmen an der Feier teil.[73] Ansprenger hielt eine bemerkenswerte Rede, in der er von seinem Schwabing ein geradezu liebevolles Bild entwarf:

„Schwabinger! Gelt, kurz war's halt, die Burschenherrlichkeit unserer Stadtgemeinde; aber schön und flott. Und traurig sind wir doch nicht heut, heut, wo wir auf dem Papier zum letzten Mal eigene Herren heißen. Denn Schwabing wird fortan, wie der Vertreter des Münchner Stadtmagistrats vorhin sehr richtig meinte, ‚die schönste Tochter Münchens' sein. (...) Wir hatten und haben unser Schwabing lieb. Wir haben sein Ansehen und sein Recht gewahrt, mehr als vielleicht manchem lieb war. Jetzt ist es stark und groß und kann sich würdig an München angliedern, ohne aufgesogen zu werden. Nein! Seine Eigenart wird Schwabing nicht verlieren; sie ist zu ausgeprägt. Auch sein Name kann nicht hinter dem Münchens verbleichen, denn sein Klang ist zu gut, und frei werden wir Schwabinger immer leben trotz unserer Vereinigung mit München. Der Norden wird der Kopf der Hauptstadt sein und bleiben, das fashionable Viertel. Und wir Peripheriebürger sollen und werden immer stolz sein auf Schwabing, das nach wie vor der Vereinigung mit München uns gehört und das uns gleich lieb ist, weil seinesgleichen nirgends mehr existiert."[74]

Gewinn für München

Zur Abschlussfeier war auch der Schwabinger Ehrenbürger Ernst von Destouches eingeladen, der am nächsten Tag in seiner Stadtchronik der offiziellen „Einverleibung der Stadt Schwabing in die Haupt- und Residenzstadt München" ein eigenes und umfangreiches Kapitel widmete. Er beginnt den Eintrag zum 20. November 1890 mit den Worten: „Der heutige Tag bezeichnet einen hervorragenden Markstein in der Geschichte der Stadt München." Er notiert, dass die Stadt München mit dieser Einverleibung „eine Mehrung von 11.589 Seelen und 452 Gemeindebürger" erfuhr. Nach der wortwörtlichen Wiedergabe des Protokolls des formellen Einverleibungsaktes listet Destouches alle 452 neuen Münchner Gemeindebürger namentlich und mit ihren Berufsbezeichnungen auf.[75]

Destouches sorgte als Münchner Stadtarchivar dafür, dass das Archiv der Landgemeinde bzw. Stadt Schwabing zügig ins Stadtarchiv München übernommen wurde. Die Bestände dieses abgeschlossenen Archivs bieten seitdem ein reiches Quellenmaterial für die historische Entwicklung Schwabings im 19. Jahrhundert.

Nicht von Destouches, aber vom Bezirksamt München I gibt es ein „Verzeichnis der Bier-, Café- und Weinschenken in Schwabing", das am 28. November 1890 aufgestellt wurde. Danach hatte München nun nach der Eingemeindung Schwabings insgesamt 262 Lokale mehr, die Basis für das zukünftige Vergnügungsviertel Schwabing war gelegt.[76]

Schwabing als Münchner Stadtbezirk

Schwabing wird 1890 der XXI. Bezirk Münchens

Nach der Stadtbezirkseinteilung von 1875 bestand München aus 18 Bezirken, die mit römischen Ziffern bezeichnet wurden. Jeder künftig eingemeindete Stadtteil erhielt eine weitere Ziffer. Neuhausen war am 1. Januar 1890 zum XX. Bezirk geworden. Danach bildete nun das ehemalige Stadtgebiet von Schwabing mit seinen 1.195 Hektar seit dem 20. November 1890 den XXI. Bezirk Münchens. Der ehemalige Bürgermeister Alois Ansprenger fungierte bis zu seiner Wahl in den Münchner Magistrat am 5. Januar 1891 als Geschäftsführer dieses XXI. Bezirks und wurde Verwaltungsrat sämtlicher Schwabinger Anstalten. Am 25. Juli 1907 kam das neue Siedlungsgebiet Alte Heide mit 9,7 Hektar von Freimann zu Schwabing bzw. zum XXI. Bezirk.

Aufteilung Schwabings in mehrere Stadtbezirke

Bei einer Neueinteilung der Stadtbezirke im Jahr 1909 wurde das weiter gewachsene und verdichtete Schwabing bzw. der XXI. Stadtbezirk in drei neue Sprengel aufgeteilt: den XXI. Stadtbezirk (Neuhausen-Oberwiesenfeld), den XXII. Stadtbezirk (Schwabing) und den XXVI. Stadtbezirk (Schwabing-West). Bei dieser Neueinteilung wurde die Grenze zur benachbarten Maxvorstadt um etliche Straßenzüge nach Süden bis zur Georgenstraße verschoben, östlich der Leopold-/Ludwigstraße sogar bis zur Veterinärstraße. Diese Grenzverschiebung mag dazu beigetragen haben, dass gerade in den Neubaugebieten der nördlichen Maxvorstadt und Westschwabings die Trennung in verschiedene Stadtteile sich im Bewusstsein der Bevölkerung nicht festsetzte. Der Name der alten Landgemeinde dominierte über den jüngeren der erst im frühen 18. Jahrhundert entstandenen Maxvorstadt und strahlte auf diesen Bezirk aus.

Briefkopf kurz nach der Eingemeindung: Aus dem Stadtmagistrat Schwabing wird die Verwaltung des XXI. Bezirks, 17. Dezember 1890.

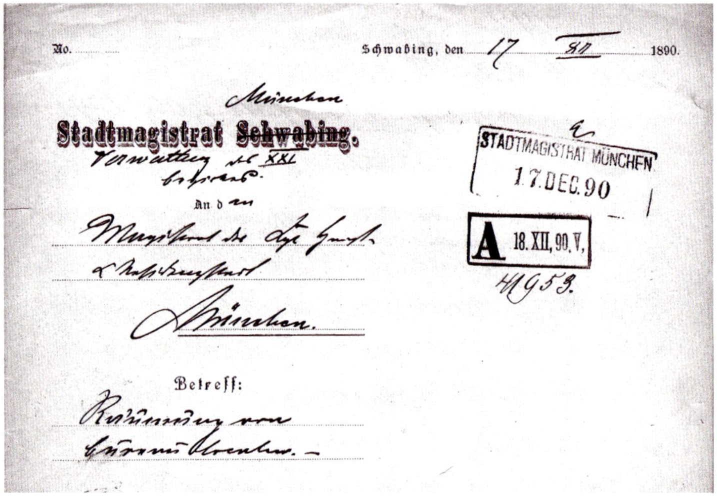
No.
Schwabing, den 17 XII 1890.

Stadtmagistrat Schwabing.

STADTMAGISTRAT MÜNCHEN
17. DEC. 90

A 18. XII. 90. V.

An d

Betreff:

Nach der Eingemeindung von Milbertshofen im Jahr 1913 wurde diese ehemalige Stadt (seit 1910) zum XXVII. Bezirk erklärt, dem neben dem Oberwiesenfeld zusätzlich der Nordteil des bisherigen XXVI. Bezirks (also Schwabing-West) zugeordnet wurde. Da die Clemensstraße die Grenze bildete, kam es dazu, dass die nach dem Schwabinger Ehrenbürger benannte Destouchesstraße oder das ab 1904 erbaute Schwabinger Krankenhaus nun quasi in Milbertshofen lagen.

Bei der Stadtbezirkseinteilung des Jahres 1925 mit nun 29 Bezirken wurde die bisherige Aufteilung Schwabings beibehalten.

Nach der Eingemeindung von Freimann im Jahr 1931 wurde dieser Ort vollständig dem XXII. Bezirk (also Schwabing) angegliedert.

Bei der Stadtbezirkseinteilung vom 2. Februar 1954 mit nun 41 Bezirken wurden in Vollzug der neuen Gemeindeordnung (Art. 60) wieder arabische Ziffern sowie zusätzlich die alten Ortsnamen verwendet. Schwabing blieb weiter dreigeteilt in „Schwabing-Freimann“ (22), in „Schwabing West“ (26) und „Schwabing-Nord – Milbertshofen – Am Hart“ (27).

Die bislang letzte Stadtbezirkseinteilung mit nun 25 Stadtbezirken fand zum 1. Mai 1996 statt. Sie brachte noch einmal einige Grenzkorrekturen: Zum Stadtbezirk 4 (Schwabing-West) gehörte nun wieder Nord-Schwabing bis zum Petuelring und dem Stadtbezirk 12 (Schwabing-Freimann) wurde nun auch definitiv das Siegestor zugeschlagen.

Schwabings weitere Entwicklung als Münchner Stadtviertel

Bauliche Expansion

Schwabing bildete nach der Eingemeindung als XXI. Bezirk einen weiteren Münchner Stadtteil mit vielen Freiflächen für die expandierende Großstadt. Die Wohnbevölkerung verdoppelte sich hier im Zeitraum zwischen 1890 und 1900 und stieg in den nächsten zehn Jahren nochmal von ca. 25.000 auf 42.300 an. Östlich der Leopoldstraße entstanden palastartige Gebäude von renommierten Architekten wie Martin Dülfer, Friedrich Thiersch oder Leonhard Romeis, Stadt-

Die Fest-Postkarte zum 100-jährigen Pfarrjubiläum Schwabings im Jahr 1911 spiegelt die Entwicklung des katholischen Schwabings vom Dorf zum Stadtviertel vor dem Ersten Weltkrieg.

villen wie die 1905/06 von Emanuel von Seidl erbaute Seidlvilla am Nikolaiplatz sowie herrschaftliche Häuser in verdichteten Ensembles wie an der Martius-, Gedon- oder Ohmstraße.[77]

Vor allem das westlich des alten Schwabinger Dorfkerns und nördlich der Hochschulen und der (1886 neben dem Siegestor neu errichteten) Akademie der Bildenden Künste gelegene Gebiet gewann zunehmend an Bedeutung. Das heutige Westschwabing zwischen der Leopoldstraße und der Schleißheimer Straße wurde zu einem Dorado der Stadtplaner und Architekten.[78] Hier kann man die Wende vom geometrischen zum malerischen Städtebau gut studieren. In einer Karte Schwabings von 1891 (vgl. Abbildung im Nachsatz) sind schon die geplanten großzügigen und weitgehend geradlinigen Erschließungslinien eingezeichnet, wie sie von Oberbaurat Arnold von Zenetti, dem Leiter des Münchner Stadtbauamtes, in seinem Baulinienplan für München entworfen worden waren. Diese wurden aber in dieser Form nie realisiert, denn nach Zenettis Tod 1891 schuf sein Nachfolger Wilhelm Rettig innerhalb der kommunalen Bauverwaltung 1893 ein neues Stadterweiterungsbüro, mit dessen Leitung der Architekt Theodor Fischer betraut wurde. Fischer zeichnete in den nur acht Jahren, in denen er dieses Amt innehatte, Hunderte von Baulinienplanungen, deren Kennzeichen leicht geschwungene Straßenzüge, schöne Plätze und eine klar gegliederte Bebauung waren. Er entwickelte die 1904 in Kraft getretene und bis 1979 rechtskräftige Staffelbauordnung, die eine individuelle, von der Innenstadt zur Peripherie gestaffelte Baudichte vorschrieb. Nimmt man noch Fischers eigene Bauten hinzu, so prägte er das Münchner Stadtbild auch im neuen Stadtviertel Schwabing bis heute. So baute Fischer die evangelische Erlöserkirche (1899 – 1901) mit ihrem markanten Turm in der Sichtachse der Leopoldstraße,[79] die Volksschulen an der Haimhauser Straße (1897/98) und am Elisabethplatz (1902); nach dem Ersten Weltkrieg gestaltete er in der Alten Heide ein erstes gemeinnütziges Wohnungsbauprojekt für Arbeiter als „Gartenwohnpark“ (ab 1919).

Blick auf Schwabing, um 1917. Der Blick geht vom allmählich zugebauten Westteil Schwabings mit dem Verlauf der Clemens- und Herzogstraße zur Leopoldstraße; links der Turm des Alten Realgymnasiums; im mittleren Bildteil der alte Schwabinger Dorfkern mit der alten St. Ursulakirche und der Kleinhesseloher See mit dem Seehaus; dahinter der Komplex der Maffei'schen Lokomotivfabrik in der Hirschau.

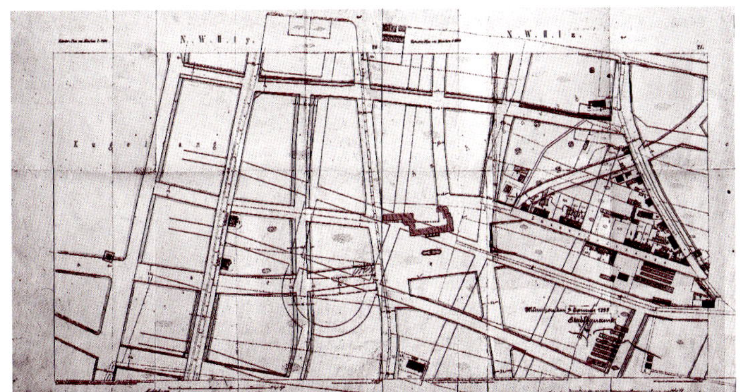

Neuer Baulinienplan für die Umgebung des Hohenzollernplatzes, mit Unterschrift Theodor Fischers, 9. Januar 1895

Die dortige Volksschule mit ihrem weithin sichtbaren Uhrtürmchen baute Stadtbaurat Hans Grässel, der neben Theodor Fischer einer der maßgeblichen Architekten in der Münchner Bauverwaltung war. Auf Grässel geht auch die dezentrale – in allen vier Himmelsrichtungen liegende – Anlage der neuen Münchner Friedhöfe zurück. Nach diesem Prinzip erweiterte er auch den bereits 1884 von der Gemeinde Schwabing angelegten Nordfriedhof (1897–1910).[80] Der nördlich der Alten Heide gelegene Neue Israelitische Friedhof wurde ab 1904 ebenfalls von Grässel geplant (und 1908 eröffnet). Auch ein weiteres Gebäude ganz im westlichen Schwabing mit Bezug zum Militärareal auf dem Oberwiesenfeld stammt von Hans Grässel: das 1912/13 errichtete städtische Wehramt, in dem sich seit 1927 das Stadtarchiv München befindet.

Von den vielen Bauten in Schwabing, die unmittelbar nach der Eingemeindung errichtet wurden, muss hier noch ein weiterer Kirchenneubau erwähnt werden: die von dem Architekten August Thiersch 1897 im Stil der Florentiner Renaissance erbaute neue katholische Pfarrkirche St. Ursula am Kaiserplatz, einer ganz homogenen Platzschöpfung, die mit ihrem markanten Campanile zu einem Wahrzeichen des Münchner Stadtteils Schwabing geworden ist. Die alte Ursulakirche im dörflichen Ortskern von Schwabing fungierte seitdem als Filialkirche der neuen, bis sie – aufgrund der weiter steigenden Bevölkerungszahlen – 1921 mit dem neuen Patrozinium St. Sylvester wieder zu einer Pfarrkirche für die Katholiken östlich der Leopoldstraße erhoben wurde.

Die Stadt München investierte in den Jahren vor dem Ersten Weltkrieg viel in das schnell wachsende neue Stadtviertel Schwabing. Nach den schon erwähnten Schulbauten Fischers wurden viele weitere Schulen vor allem in Westschwabing gebaut: Gisela-Kreisrealschule (1903/04), Schule an der Hohenzollernstraße (1908; heute Hermann-Frieb-Realschule), Simmernschule (1911) sowie der große Komplex von Max- und Realgymnasium mit dem weithin sichtbaren Schulturm (1910–1912), der auf dem Areal des königlichen Landesgestüts[81] errichtet wurde.

In dem dicht bebauten Gebiet von Westschwabing wurde nur eine große Fläche als Areal für einen Nordpark freigehalten. Aus Anlass des 90. Geburtstages des Prinzregenten Luitpold wurde in diesem Park, der nach ministerieller Genehmigung „Luitpoldpark“ genannt werden durfte, am 12. März 1911 in einem fast quadratischen Hain von 90 Linden ein Obelisk der Bildhauer Heinrich Düll und Georg Pezold enthüllt. Die Inschrift auf der Bronzetafel mit Porträt des Prinzregenten nimmt Bezug auf den runden Geburtstag sowie das 25-jährige Regierungsjubiläum.

An der Westseite des Luitpoldparks entstand um die von Otho Orlando Kurz und Eduard Herbert 1928/29 errichtete katholische Kirche St. Sebastian ein neues peripheres Zentrum mit ausgedehnten viergeschossigen Wohnblöcken im Stil der Neuen Sachlichkeit.

Alle diese, zum Teil großzügig angelegten Wohnungen für den gehobenen Bürgerstand in Westschwabing, die auch damals schon teurer waren als in anderen Stadtvierteln, schufen ein Ambiente, von dem sich Bildungsbürger und Privatiers, aber auch Künstler, Literaten und Bohemiens angezogen fühlten.

Arbeiterviertel Schwabing

Dabei darf jedoch nicht übersehen werden, dass Schwabing immer noch eine sehr heterogene Sozialstruktur aufwies. Der Ostteil Schwabings blieb auch weiterhin der Stadtbezirk mit dem höchsten Arbeiteranteil unter den Erwerbstätigen (nur Laim hatte eine noch dichtere Arbeiterbevölkerung). Bei Maffei arbeiteten 1912 immer noch über 2.000 Beschäftigte.

Durch den Bau des Schwabinger Güterbahnhofs und den Gleisanschluss zum Nordring hatten sich die Bedingungen für Schwabinger Produktionsstätten entscheidend verbessert. Auch Theodor Fischer wies in seiner Staffelbauordnung von 1904 für Nordschwabing ein spezielles Fabrikviertel aus. Die Lokomotivfabrik Maffei in der Hirschau verfügte seit 1901 auch über ein eigenes Werksgleis, das nördlich des Schwabinger Bahnhofs vom Industriegleis abzweigte und quer durch den Englischen Garten führte (heute noch an der ungewöhnlich geraden Wegführung beim „Kleinen Hofbräuhaus“ sichtbar). Das Gleis wurde 1935 (nach der Fusion der Firma mit dem Konkurrenten Krauss zu Krauss-Maffei und Verlegung des Werks nach Allach) abgebrochen.

Auch das neue städtische Schwabinger Krankenhaus war nach seiner Inbetriebnahme 1912 durch ein Gleis an den Schwabinger Güterbahnhof angeschlossen, das durch die Heckscherstraße führte und die Leopoldstraße überquerte. Es diente bis 1972 zum Kohlentransport und wurde erst nach Umstellung des Krankenhauses auf moderne Heiztechnik überflüssig. Auf dieser Strecke fuhr die ganzen 60 Jahre eine in der Lokomotivfabrik Krauss produzierte Dampfspeicherlok, die erst 2008 von den Münchner Stadtwerken dem Bayerischen Eisenbahnmuseum in Nördlingen überlassen wurde.[82] Der Schwabinger Güterbahnhof wurde bald nach 1972 aufgegeben und zehn Jahre später abgerissen. Auf der ehemaligen Trasse des Industriegleises fährt heute die Münchner Straßenbahnlinie 23.

Diese und viele andere, meist vernachlässigte und daher unbekannte Aspekte der Sozialgeschichte dieses Stadtteils, das eben auch Arbeiterviertel war, zeigte erstmals 2005 die Ausstellung „Geschichte und Geschichten um Alltag, Arbeit und Arbeiterbewegung in Schwabing 1890 bis 1933“, die zum 100-jährigen Jubiläum in der denkmalgeschützten Seidlvilla in Schwabing gezeigt wurde. Die Ausstellung und die Begleitpublikation wollten „den Mythos des Künstlerviertels“ nicht aufheben oder einen zweiten beigesellen, aber doch durch Fakten relativieren.[83]

Schwabing als Lebensgefühl und Mythos

Blütezeit der Schwabinger Bohème in „Wahnmoching“

Dieser einleitende Text über die historische Entwicklung Schwabings von einem Dorf zu einer Stadt und dann zu einem Stadtteil der Großstadt München könnte hier problemlos abbrechen, wenn es sich nicht um Schwabing handeln würde. Nach der Abwandlung eines berühmten und oft zitierten Bonmots ist Schwabing eben nicht nur ein historischer Ort oder eine Vorstadt, sondern auch ein „geistiger Zustand“.

Dieses Phänomen hat wohl am schönsten Franziska Gräfin zu Reventlow in ihrem Schlüsselroman der Schwabinger Bohème beschrieben, der den Titel trägt: „Herrn Dames Aufzeichnungen oder Begebenheiten aus einem merkwürdigen Stadtteil“:

„Wahnmoching heißt wohl ein Stadtteil, eben dieser Stadtteil, aber das ist nur ein zufälliger Umstand. Er könnte auch anders heißen oder umgetauft werden, Wahnmoching würde dennoch Wahnmoching bleiben. Wahnmoching im bildlichen Sinne geht weit über den Rahmen eines Stadtteils hinaus. Wahnmoching ist eine geistige Bewegung, ein Niveau, eine Richtung, ein Protest, ein neuer Kult oder vielmehr der Versuch, aus uralten Kulten wieder neue religiöse Möglichkeiten zu gewinnen – Wahnmoching ist noch vieles, vieles andere (...).“[84]

Zentraler Schauplatz des Romans ist das kleine „Eckhaus" in der Kaulbachstraße 63, das allerdings damals nicht in Schwabing, sondern noch in der Münchner Schönfeldvorstadt lag.[85] In diesem Häuschen lebte die Gräfin Reventlow seit November 1903 in einer Ménage-à-trois mit dem Maler Bogdan von Suchocki und Franz Hessel. Mit Letzterem gab Reventlow die maschinengeschriebene und hektographierte Zeitungsparodie „Der Schwabinger Beobachter" heraus, der im Frühjahr 1904 in nur vier Nummern erschienen ist.

Reventlow beschrieb diese aufregenden Schwabinger Jahre erst im Rückblick nach ihrem Wegzug aus München ins Schweizer Tessin und als der Roman 1913 erschien, war die Blütezeit der Schwabinger Bohème schon fast vorbei.

Die Blütezeit dieses besonderen Schwabinger Lebensgefühls lässt sich gut eingrenzen: Die Eingemeindung Schwabings nach München im Jahr 1890 markiert den Beginn und der Erste Weltkrieg das Ende. Victor Klemperer hat in seinem Revolutionstagebuch des Jahres 1919 konstatiert, „das sich der Begriff der Bohème, dass sich ihr Umkreis während des Krieges erweitert hat. Vor 1914 war man als Bohémien Dichter oder Maler oder Journalist oder Musiker. Auch heute ist man dies alles noch, sei es im Haupt-, sei es im Nebenfach. Aber man ist auch Politiker, man ist auch Nationalökonom geworden." Diese Feststellung Klemperers gipfelt in seinem Ausruf: „Schwabing spielt Weltrevolution."[86]

Topographie der Schwabinger Bohème um 1900

Die örtliche Eingrenzung für die Schwabinger Bohème, deren Vorbilder im Pariser Viertel Montmartre und bei der dort spielenden Puccini-Oper „La Bohème" (1896) zu suchen sind, wird schon schwieriger. Viele Adressen von Wohnquartieren, beliebten Gaststätten und anderen Treffpunkten galten als Schwabinger Einrichtungen, obwohl sie nominell in der Maxvorstadt lagen. Als berühmte, in Memoiren und in der Literatur über das geistige und künstlerische Schwabing immer wieder genannte Beispiele seien hier das „Café Luitpold" (Brienner Straße 8), das „Café Stefanie" (Amalienstraße 25), die Bühne der „Elf Scharfrichter" (Türkenstraße. 28), die Künstlerkneipe „Simplicissimus" (Türkenstraße 57) oder Lokale wie die „Dichtelei" (Türkenstraße 81) genannt. Auch die 1993 erstmals erschienene „Topographie der Schwabinger Bohème um 1900", auch wenn sie auf der Grundlage der im Stadtarchiv München liegenden polizeilichen Meldebögen entstanden ist, beschränkt sich nicht auf

Plakat zu einer Ausstellung des Münchner Künstlerinnenvereins in der Türkenstraße 89, 1897

Schwabinger Adressen im engeren Sinn.[87] Neben den Adressen der Lokale sind auch etwa die Verlage, Buchhandlungen und Antiquariate, insgesamt etwa 70 Firmen um 1900, zu nennen.[88] Zu den zahllosen Persönlichkeiten der Schwabinger Bohème, die ihre Adressen oft wechselten, gehörten neben Franziska Gräfin zu Reventlow u.a. der Dramatiker und Schauspieler Frank Wedekind, der Verleger Albert Langen und die Mitarbeiter an seiner 1896 gegründeten Zeitschrift „Simplicissimus", die Simpl-Wirtin Kathi Kobus und ihr Hausdichter Joachim Ringelnatz, die Schriftsteller Heinrich Mann, Stefan George, Rainer Maria Rilke, Otto Julius Bierbaum (Veterinärstraße 5), Max Halbe (Giselastraße 16)[89] oder Oskar Panizza (Kaiserstraße 63, später Feilitzschstraße 19)[90], die Maler des „Blauen Reiter", Alfred Kubin, Lovis Corinth (Giselastraße 7) oder Paul Klee, bis hin zu dem Prototyp des Schwabinger Bohemiens Erich Mühsam.

Bei Erich Mühsam (er wohnte erst allein in der Pension Suisse in der Akademiestraße 9, ab 1915 mit seiner Frau Zenzl in der Georgenstraße 105) lässt sich anhand seiner Tagebucheinträge sehr gut dieses Schwabinger Lebensgefühl nachvollziehen. So schrieb Mühsam am 11. Juni 1911 bei einem Aufenthalt in Bern: „Heut waren wir bei Lene Gugger [Mühsams Berner Bekannte], die mir ausnehmend gut gefällt. Der Typus ist ein wenig Schwabing, doch erinnert mich das Mädel irgendwie ein bisschen an Kätchen [Käte Brauer, Schauspielerin] in ihrem Wesen. Hätt ich doch das Geld, das Kind mit nach München zu nehmen. Ich glaube, sie käme gerne mit."

Aber auf Mühsam trifft auch genau die von Victor Klemperer 1919 konstatierte Veränderung des Begriffs der Bohème zu. Mühsam, der als Revolutionär in München verhaftet worden war, notierte am 14. Mai 1919 im Zuchthaus Ebrach in sein Tagebuch: „Und wie immer noch gegen uns gehetzt wird, zeigt das ‚Bamberger Tagblatt' mit jeder neuen Nummer. Gestern hatte es einen Artikel gegen die ‚Schlawiner', in dem Schwabing als der Hort aller verlausten Taugenichtse dem schaudernden Mitmenschen geschildert wurde. Die Verachtung gegen alles, was Künstler heißt, die ja der Grundzug im deutschen Volkscharakter ist, wird als Bundesgenosse gegen den Bolschewismus herangeholt und gründlich bestärkt."[91]

„Wahnmoching“ im Konflikt mit Staat und Gesellschaft

In der oft verklärten Prinzregentenzeit gerieten viele Schriftsteller der Schwabinger Bohème mit ihrer Weltanschauung und politischen Haltung in Konflikt mit der Obrigkeit. Anzeigen, Polizeiverhöre, Überwachung und Zensur waren eben auch Alltag in „Wahnmoching“. Gegen die Schriftsteller wurden besonders drei Paragraphen des Reichsstrafgesetzbuches angewendet, das nach dem Eintritt Bayerns in das Deutsche Reich seit 1872 auch hier einschlägig war. So saßen für ihre satirischen Beiträge in der Zeitschrift ‚Simplicissimus‘ Frank Wedekind wegen „Majestätsbeleidigung“ (§ 95) – allerdings nicht des bayerischen Königs, sondern von Kaiser Wilhelm II. – und Ludwig Thoma wegen „Gotteslästerung“ (§ 166) im Gefängnis. Am schlimmsten wurde mit Oskar Panizza umgegangen; er wurde wegen seines angeblich gotteslästerlichen Buches ‚Das Liebeskonzil‘ 1895 sogar für ein Jahr in Amberg eingesperrt und kehrte danach nur noch kurz und als gebrochener Mann nach Schwabing zurück.[92]

Das für diese Zeit typische Delikt war jedoch die „Verbreitung unzüchtiger Schriften“ (§184). Die seit 1891 geplante Verschärfung dieses Paragraphen, die sich gegen Darstellung des Nackten und damit ganz generell gegen die Freiheit der Kunst richtete („Lex Heinze“), bewirkte eine eigentümliche gesellschaftliche Debatte und es kam zu Auswüchsen restriktiver Moralvorstellungen. In München wurde 1908 bei der Polizeidirektion ein Zensurbeirat als Beratergremium ins Leben gerufen. 24 Honoratioren der Stadt, darunter auch Schriftsteller wie Josef Ruederer, Max Halbe oder – wenn auch nur ein Jahr lang (1912/13) – Thomas Mann, sollten dort vor allem Theaterstücke (meist von Frank Wedekind) vor ihrer Aufführung auf „unsittliche“ Stellen begutachten. Gutachten dieses Zensurbeirats hätten deshalb 1912 beinahe auch das Ende der schriftstellerischen Existenz des bayerischen Autors Georg Queri bedeutet, als seine volkskundliche Studie „Kraftbayrisch“, eine Sammlung von erotischen Redensarten der Altbayern, wegen Verbreitung unzüchtiger Schriften konfisziert wurde.[93]

Es ist bemerkenswert, dass zwei Mitglieder des Zensurbeirats, Josef Ruederer[94] und Thomas Mann[95], ihre Karriere als Bohemiens in Schwabing begannen (Ruederer in der Giselastraße 7, Mann in der Marktstraße 5 und vielen weiteren Adressen), dann aber – zu Ruhm und Geld gekommen – seit 1908 bzw. 1914 ganz bürgerlich in ihren neuen Villen in Bogenhausen lebten.

Ruederer hatte 1895 noch eine oppositionelle Dichtervereinigung mit dem Namen „Nebenregierung“ (der Name stammte von Oskar Panizza) gegründet, die im „Café Minerva“ in der Adalbertstraße tagte. In seinem „München“-Buch aus dem Jahr 1907 stimmte Ruederer aber selbst den Abgesang auf diese Bohème-Zeit an: „Vorbei – vorbei! In dem kleinen Hofe ist's nicht mehr so stimmungsvoll. Die Kastanienbäume sind zwar dicker geworden in den zwölf Jahren, aus dem Kneiplokal riecht's noch genauso stickig wie damals, aber die Literaten sind andere geworden. Vornehmer, abgeklärter, wie die alte Vorstadt Schwabing selber. Da grünen, wenn man jetzt weitergeht um Neureuthers neue Akademie herum, zum Siegestor hinaus, nicht mehr verwilderte Gebüsche auf breiten Wiesen: ein Riesenbau, ein Familienhaus prangt neben dem andern, und mit der Noblesse der Bauten wuchs auch die Noblesse der Dichter, die dieses Viertel, den Norden, nach wie vor als ihre Domäne betrachten. Nur noch mit zartem Schamgefühl werden sie jener Zeit gedenken, da sie als stramme Vereinsmitglieder am Stammtisch saßen und die Monatsbeiträge schuldig blieben.“[96]

Blütezeit der Schwabinger Bohème im Rückblick der Memoirenliteratur

Die reichhaltige Memoirenliteratur bietet eine fast unübersehbare Fülle an genauen Beobachtungen des alten Künstler-Schwabings. Hier wird der einmal erlangte Ruf Schwabings über Jahrzehnte hinweg tradiert und gefeiert, aber auch verklärend glorifiziert.

Hier seien vier Beispiele von Erinnerungen zitiert, die nicht zufällig alle erst in der unmittelbaren Nachkriegszeit nach 1945 erschienen sind, als man eine bereits untergegangene Welt evozierte und vielleicht auch den Schwabing-Mythos wieder beleben wollte.

Das erste Beispiel: Der Schriftsteller und Journalist Eugen Kalkschmidt kam im Jahr 1899 zum zweiten Mal nach München und lebte in der Kaulbachstraße. In seinen 1947 erschienenen Erinnerungen „Vom Memelland bis München“ schreibt Kalkschmidt im Kapitel „Münchner Intermezzo“ schon etwas distanziert über Schwabing: „In den neuen Wohnvierteln hatte sich besonders der Norden mit Schwabing gewaltig entwickelt, hier hauste der Zuzug aus dem Norden Deutschlands fast wie in einer Fremdenkolonie, belebt durch die jungen Kunstbeflissenen beiderlei Geschlechts, wie durch mancherlei Lebenskünstler, die mehr durch die Originalität der Erscheinung und des Auftretens als durch irgendwelche eigenen Leistungen hervortraten.“[97]

Das zweite Beispiel: Viktor Mann war das jüngste der fünf Mann-Geschwister. Die Familie lebte seit Herbst 1898 in der Herzogstraße 3 im ersten Stock. In seinen 1949 erschienenen Erinnerungen „Wir waren fünf. Bildnis der Familie Mann" gibt es ein eigenes, „Schwabing" überschriebenes Kapitel. Über das Schwabing der Künstler schreibt er: „Obwohl diese Künstler und ihr Anhang nur zum geringsten Teil aus dem tieferen Südosten Europas zugereist waren, wurden sie von den Münchnern ‚Schlawiner' genannt. (...) Unter diesen Sammelbegriff fiel alles, was hinter den tausend Schwabinger Atelierfenstern malte und Ton knetete, in den Mansarden dichtete, sang oder Noten schrieb, in kleinen Gasthäusern Schulden machte und in Cafés Nihilismus oder Ästhetentum verkündete. Voraussetzung war nur, dass sich der Künstler in Kleidung und Gehaben unbürgerlich gab. Tat er dies, so war er eben auch als geborener Mecklenburger, Franzose, Rheinländer, Norweger oder Thüringer ein Schwabinger Schlawiner. (...) Und in Schwabing, von dem es eine gute Zeitlang hieß, sein Name sei kein geographischer, sondern ein weltanschaulicher Begriff, waren diese Eigenschaften am spürbarsten geworden. Es war schön, dort zu leben."[98]

Beim dritten Beispiel kommt der aus bäuerlicher Familie stammende Georg Queri ins Spiel, der im Januar 1900 zuerst in der Hohenzollernstraße 73, dann in der Belgradstraße 20 wohnte, sicherlich bei dem parodistischen Faschingsball „Bauern-Kirchweih" 1907 im Schwabinger Bräu teilgenommen hatte, und auch sonst ziemlich unbeschwert mit Nagelschuhen und – eines verkürzten Beines wegen – am Stock durch die Schwabinger Bohème stapfte.[99] Der Historiker Karl Alexander von Müller schreibt in seinem 1951 erschienenen ersten Band seiner Erinnerungen „Aus Gärten der Vergangenheit" über den Winter 1906/07: „Wie viele Gestalten drängen sich noch aus diesen Monaten zu! (...); in einem viereckigen Häuslein in Schwabing, bei einer der vier geschiedenen Frauen Eugen d'Albert [Komponist der Oper ‚Tiefland'], liest Georg Queri, hinkend und derb, unsagbare bayerische Verse (...)."[100]

Viertes und letztes Beispiel: 1953 erschienen unter dem Titel „München leuchtete" die Jugenderinnerungen des Schriftstellers Hans Brandenburg , der 1903 siebzehnjährig nach München gekommen war. Seine Memoiren reichen bis zum Jahr 1914. Der Beginn des Ersten Weltkriegs bedeutete nicht nur eine Zäsur für so viele Lebensläufe, sondern auch – wie schon gesagt – das vorläufige Ende des Schwabinger Lebensgefühls. Das vierte Kapitel der Erinnerungen Brandenburgs ist explizit „Schwabing" betitelt: „Wir wohnten mehr und mehr im Herzen Schwabings. Das geistige Schwabing war freilich nicht an die Grenzen des Stadtteils gebunden, es setzte sich zum Teil mit dem Quartier latin um die Universität fort (...). Wir aber blieben jenseits des Siegestores, hinter welchem sich die Ludwigstraße als Leopoldstraße fortsetzte, breit im Zuge ihrer schlank gesträubten mächtigen Pappeln, die Hauptstraße Schwabings. (...) Die Leopoldstraße war vor allem unsere Straße, die tägliche Promenade unserer Freuden und Leiden, Hoffnungen und Enttäuschungen, Pläne und Herausforderungen, unseres Sehens und Gesehenwerdens." Und an anderer Stelle fragt Brandenburg: „Wo in aller Welt gibt es denn noch so ein Milieu freier, aber liebenswürdiger Sitten, das die Vorbereitungen zu neuen Festen und neuen Tänzen hat, nämlich eine neue Art des Verkehrs und der Geselligkeit?" Brandenburg gibt die Antwort selbst: Schwabing ist so ziemlich der einzige Ort, „wo es eine größere Sozietät gleichgearteter, unbekümmerter und sinnenfroher Menschen gibt, ohne dass die Bohème mit ihren Extravaganzen überhand nähme, wo man arbeiten kann und sich doch seines Lebens freuen kann, ohne dass der Schulmeister in jeder Ecke lauert."

Die Zwanzigerjahre – Schwabing wird zum blassen Mythos

Einige der Schwabinger Institutionen hatten die Kriegsjahre überdauert. Zu nennen ist hier die Kneipe „Simplicissimus", die immer noch von Kathi Kobus (später zusammen mit Theo Prosel) geführt wurde. Wieder mit Leben erfüllt wurde auch die legendäre Künstler-Pension Fürmann an der Belgradstraße 57. René Prévot hat in seinem 1958 erschienen Erinnerungsbuch „Kleiner Schwarm für Schwabylon" der „berühmtesten Pension Europas" ein Denkmal gesetzt. Illustriert ist sein Buch mit vielen Zeichnungen aus dem Gästebuch (u.a. von Josef Oberberger), das Prévot nach dem Selbstmord des Besitzers Heinrich Fürmann 1936 erhalten hatte. In dem Buch sind die Jahre nach 1920 mit „Phönix aus der Asche" überschrieben, das heißt, für Prévot lebte der Geist Schwabings weiter (eine kleine Erzählung heißt sogar „Die neue Bohème").[101]

Bei Hans Brandenburg dagegen liest es sich etwas anders. In der 1956 erschienenen Fortsetzung seiner Erinnerungen mit dem Titel „Im Feuer unserer Liebe. Erlebtes Schicksal einer Stadt", die vom Beginn des Ersten bis zum Ende des Zweiten Weltkrieges reichen, kommt Schwabing als Ort des literarischen Lebens zwar weiterhin vor, aber der „Zustand" Schwabing gehörte nun schon der historischen Vergangenheit an und wurde zum Mythos.

Auch der Schriftsteller und Kulturjournalist Karl Ude, der Mitte der 1920er Jahre zum Studium nach München kam, musste feststellen, dass Schwabings große, leuchtende Zeit schon vorüber war: „Sein Glanz lebte alleine noch im Bewusstsein der Älteren, der Neuling erfuhr davon nur durch Hörensagen. (...) So war das Schwabing der zwanziger Jahre sich selbst überlassen, es geriet weder ins Gerede noch unter Denkmalschutz." Lediglich in den Begegnungen mit dem „Theaterprofessor" Artur Kutscher bei seinen legendären Dichterabenden wurde auch für Karl Ude noch einmal „Magie und Mythos Schwabing vertraut".[102]

Der Münchner Schriftsteller Julius Kreis , den man mit Fug und Recht als den Sigi Sommer der Zwanzigerjahre bezeichnen kann, brachte 1922 unter dem Titel „Rund um die Frauentürme" einen – so der Untertitel – „lustigen Führer durch München und Umgebung" heraus. Ein Kapitel über Schwabing durfte da natürlich nicht fehlen, von dem Mythos Schwabings ist aber nicht viel zu spüren, er wird vielmehr milde belächelt: „Schwabing, Münchens nördlichster und genialster Stadtteil, beginnt am Siegestor und hört auf mit Alimentationsklagen für die Früchte faschingsseliger Atelierfeste. Es besteht in der Hauptsache aus Malern, Spirituskochern, Dichtern, Keilrahmen, Batikschlipsen, Weltanschauungen, Tee, Expressionismen, freier Liebe, unbezahlten Schusterrechnungen, Kleinkunstbühnen, Revolutionären, großen Rosinen, aus Foxtrott, Studentenbuden, Modellen aus Fasching, Ölfarbe, männlichen und weiblichen Kunstbeflissenen beiderlei Geschlechts, aus eingewanderten ‚Breißen' und Papierkragen, aus Religionsstiftern, Traumtänzerinnen, der Akademie der bildenden Künste und dem Café Größenwahn in der Theresienstraße. Der Fremdling hört das Wort ‚Schwabing' mit gruselig-neugieriger Spannung und ist, sobald er in den Stadtteil kommt, auf Schritt und Tritt in der Erwartung, in eine Orgie von Kunst und Lebenswandel verwickelt zu werden. Indes er kann ohne Schaden an Leib und Seele aus Schwabing hervorgehen."[103]

Schwabing unterm Hakenkreuz – ein Mythos wird zerstört

Die Zwanzigerjahre waren aber auch die Jahre des Aufstiegs Münchens zur Hauptstadt der Bewegung und Schwabing hatte keinen geringen Anteil daran. Seit 1921 gab es eine Sektion Schwabing der NSDAP, deren Arbeitsgebiet weit über Schwabing hinaus in die Maxvorstadt und nach Milbertshofen hinein reichte. „Stand die Schwabinger Sektion an Aggressivität und brutalen Antisemitismus der NSDAP insgesamt in nichts nach, so ließ doch ihr Innenleben, in vielen Zügen einem typischen Vereinsleben ähnlich, eine fast beschauliche ‚Großfamilien-Atmosphäre' entstehen."[104] Karl Fiehler, seit 1924 im Münchner Stadtrat und nach 1933 Oberbürgermeister, war hier Mitglied und seit 1926 Vorsitzender der Sektion. Anfang der 1930er Jahre teilte sich die Sektion Schwabing wegen des wachsenden Mitgliederstroms in mehrere eigenständige Ortsgruppen. Die Ortsgruppe Schwabing-West wurde zur mitgliederstärksten Stadtteilorganisation der NSDAP. Hier dominierten eher bürgerliche Kreise, der Anteil der Arbeiter war eher gering, hier und da fanden sich noch Spuren einer Künstlerszene. Und genau in diesem ehemaligen Künstlerviertel hatte die NSDAP in München zwischen 1925 und 1933 ihre größten Erfolge.

Über Schwabing und Schwabinger Schicksale in den Jahren 1993 bis 1945 ist in den letzten Jahren viel geforscht und Neues zu Tage gebracht worden. Hinzuweisen ist hier vor allem auf ein Buchprojekt, das im Rahmen einer Geschichtswerkstatt der Münchner Volkshochschule entstand, an der viele Schwabinger Bürgerinnen und Bürger sowie auch Schülerinnen und Schüler des Oskar-von-Miller-Gymnasiums teilgenommen hatten; das Projekt wurde vom Stadtarchiv München maßgeblich unterstützt und betreut. Das ernüchternde Ergebnis der 2008 erschienenen Publikation: 1933 gehörten die Bewohner Schwabings zu den eifrigsten Wählern und Befürwortern der NSDAP. Im einst liberalen Künstlerviertel sah man nicht hin, als jüdische Bewohner in die Todeslager deportiert wurden. Im Einleitungsessay mit der bezeichnenden Überschrift „Das Ende des Schwabing-Mythos" formulierte die Herausgeberin: „Die verfolgten Menschen sollen nicht vergessen, ihre Spuren sollen sichtbar gemacht und in das ‚kulturelle Gedächtnis' dieser Stadt wieder zurückgeholt werden."[105]

In diesem Kontext ist noch ein weiteres Projekt, ein Schulprojekt, aus dem Jahr 2009 zu erwähnen. Schülerinnen und Schüler des Schwabinger Gisela-Gymnasiums erarbeiteten damals eine Dokumentation über „Jüdische Bürgerinnen und Bürger in München-Schwabing während der NS-Zeit 1933 – 1945" unter der Überschrift „Durch diese Türen gingen sie ein und aus", die als Ausstellung in der Seidlvilla und auch als Buchveröffentlichung präsentiert wurde.[106]

Nach 1945 – der Mythos Schwabing wird wiederbelebt

Die NS-Zeit und der Zweite Weltkrieg hatten nicht nur in baulicher Hinsicht ein Trümmerfeld hinterlassen. Bis heute sichtbarstes Zeichen dieser Zeit wurde in Schwabing der am Rande des Luitpoldparks errichtete Schuttberg.

In der Nachkriegszeit wurde nach und nach auch der Schwabing-Mythos von Überlebenden, aber auch von einer neuen Generation wiederbelebt. Die oben zitierten Beispiele aus der unmittelbar nach dem Krieg entstandenen Erinnerungsliteratur bestätigen diese Beobachtung. Auch der schon erwähnte René Prévot schrieb über die Jahre nach 1945: „Schwabing lebt!“[107]

Schwabing wurde in den 1950er Jahren aber nicht nur wieder zum Wohnort für Studenten, Literaten und Künstler, es wurde auch zum leicht verruchten Vergnügungs- und Ausgehviertel.[108] Schon 1952 eröffnete die vom Niederrhein nach München gekommene Bardame Gisela Jonas ein Lokal in der Occamstraße („Bei Gisela“), das zu einer Schwabinger Institution wurde. „Aber der Nowak lässt mich nicht verkommen“ – diesen Refrain auf anzügliche Texte sang sie dort allnächtlich. Zu ihrem 80. Geburtstag 2009 erschienen ihre Memoiren unter dem programmatischen Titel „Schwabinger Gisela“, denn – so die Chansonsängerin und Autorin – „von Schwabing kommt man nie los“.

Als im Jahr 1958 mit großem Aufwand in München die 800-Jahrfeier veranstaltet wurde, besann man sich auch in Schwabing auf seine eigene Geschichte. Hanns Vogel , der ein Jahr später mit sieben weiteren Autoren die Münchner Schriftstellervereinigung der „Turmschreiber“ gründete, veröffentlichte im Auftrag des Schutzverbandes der Bildenden Künstler Münchens die kleine Publikation „Schwabing. Vom Dorf zur Künstlerfreistatt. Mosaik eines Münchner Stadtteils“. Und Schwabing feierte sich 1958 mit einem großen Festsommer selber. Am Wedekindplatz wurde der Wedekind-Brunnen eingeweiht – musikalisch begleitet von Pamela Wedekind , der Tochter des Schwabinger Bohemiens Frank Wedekind, und ihrem damals 13-jährigen, in Schwabing geborenen Sohn Anatol Regnier an der Gitarre. Selten wurden die Traditionslinien des Schwabing-Mythos so deutlich sichtbar!

In drei literarisch-künstlerischen Kreisen aus der Nachkriegszeit, die alle inhaltlich und auch personell eng zusammenhängen, wurde der Schwabing-Mythos wieder neu belebt, zum Teil bis in unsere Tage hinein: im „Tukan-Kreis“, in der „Traumstadt“ und im „Seerosenkreis“.

Der schon 1930 von dem Autor Rudolf Schmitt-Sulzthal gegründete „Tukan-Kreis", eine „Vereinigung für zeitgenössische deutsche Dichtung" wurde 1950 von ihm wieder neu begründet. Der Tukan-Kreis hielt seine Vortragsabende eine Zeitlang im „Café Freilinger" in der Leopoldstraße 74 ab und war damit auch eine Schwabinger Institution (eine von Oswald Malura 1973 geschaffene Erinnerungstafel an diesem Haus erinnert an den 1971 verstorbenen „Obertukan" Schmitt-Sulzthal). Noch heute veranstaltet der „Tukan-Kreis" seine monatlichen Lesungen mit renommierten Schriftstellerinnen und Schriftstellern in der Seidlvilla in Schwabing. Seit 1984 ist der Schwabinger Verleger Hans Dieter Beck Tukan-Chef. Aber mit dem 1965 geschaffenen „Tukan-Preis" ist man schon längst über Schwabing hinausgewachsen: Er ist heute eine vom Kulturreferat der Landeshauptstadt München vergebene hochkarätige literarische Ehrung und Auszeichnung.[109]

Im Jahr 1951 erschien der Gedichtband „In der Traumstadt" von Peter Paul Althaus , der Schwabing mit einer neuen poetischen Aura sah: „In der Traumstadt ist ein Lächeln steh'n geblieben; niemand weiß, wem es gehört." In der Galerie, dann in der Wohnung des Malers Oswald Malura in der Kaulbachstraße 75 hielt die von PPA in seinem Todesjahr 1965 als „Traumstadt-Bürgermeister" initiierte Traumstadt-Vereinigung ihre musischen Bürgerversammlungen ab (der Münchner Oberbürgermeister Hans-Jochen Vogel machte das Spiel mit und redete Althaus immer mit „Herr Kollege" an). Bei der Gründung wirkte Karl Ude mit, auch sein damals 17-jähriger Sohn Christian war als Schüler schon anwesend. Im erhaltenen Gründungsprotokoll findet sich tatsächlich seine Unterschrift mit dem geradezu zukunftsträchtigen Vermerk „Nachwuchs ohne Posten".[110] Die Versammlungen endeten erst im Jahr 1977.

Als die Wohnung in der Kaulbachstraße 75 vor einigen Jahren zum Verkauf stand, versuchte der im August 2010 gegründete Verein „Rettet die Traumstadt" mit einem literarisch-musikalischen Salon diesen Ort für alle Künste wiederzubeleben.[111] Leider konnte man sich mit den Hausbesitzern nicht einigen, und so hieß es am 18. Januar 2012 endgültig: „Traumstadt adé!"[112]

Peter Paul Althaus war auch beim ersten Treffen des „Seerosenkreises" im September 1948 dabei. Der Kreis mit Künstlern aller Sparten nannte sich nach seinem Stammlokal „Seerose" in der Feilitzschstraße 32, Ecke Gunezrainerstraße. Den Seerosenkreis, eine Vereinigung ohne Satzung und Mitgliedsbeitrag, leiteten die Autoren Florian Seidl, dann Wilhelm

Lukas Kristl und bis zu seinem Tod 2004 Ernst Günther Bleisch. Seitdem lebt der Seerosenkreis mit einem neuen und frischen Konzept unter der Federführung von Brigitta Rambeck munter weiter. Die gut besuchten Veranstaltungen der Seerose finden meist in Schwabing in der Seidlvilla statt, die aber meist überfüllt ist. So fand die Veranstaltung „Das Leben ist eine Rutschbahn“ am 22. Juli 2014 zum 150. Geburtstag von Frank Wedekind wegen des erwarteten großen Andrangs nicht in Schwabing statt, sondern im Münchner Künstlerhaus – mit dem schon erwähnten Autor, Bänkelsänger, Gitarristen, Wedekind-Enkel und -Biographen Anatol Regnier.

Die unruhigen Sechzigerjahre

Schwabing war in den Sechzigerjahren nicht nur Erinnerungsort, sondern wurde wiederholt zum Schauplatz des gesellschaftlichen und kulturellen Zeitgeschehens. Hier fand der Protest einer neuen jungen Generation ihren Ort. So lebte und arbeitete die avantgardistische Münchner Künstlergruppe „Spur“ hier in Schwabing. Zu ihr gehörte auch Dieter Kunzelmann, der danach Mitglied der „subversiven Aktion“ in Schwabing war und später nach seinem Wegzug aus München in Berlin eine wechselvolle Karriere als Kommunarde, Terrorist und Abgeordneter hinlegte.

Im Juni 1962 wurde die Leopoldstraße – die Haupt- und Lebensachse Schwabings – zum Schauplatz der tagelangen „Schwabinger Krawalle“. Auslöser waren drei harmlose Gitarrenspieler am Wedekindplatz. Vielleicht habe „die humane Stadt gegen die ökonomische Stadt rebelliert“, sagte der damalige Oberbürgermeister Hans-Jochen Vogel später. Die Schwabinger Krawalle werden heute als erster Auftakt einer europaweiten Jugendrevolte gesehen, die treu dem alten Geist notwendig in Schwabing stattfinden musste.[113] Und in einem kürzlich erschienenen Beitrag über „Sponti-Spaß und Straßenkampf“ in einem Buch über „Revolution in München“ heißt es: „Eben hier in München (...), genauer im Stadtteil Schwabing, lag der Ursprung der antiautoritären Bewegung, die auf das antibürgerliche Selbstverständnis der 68er so großen Einfluss gewinnen sollte und deren Provokationslust zu einem guten Teil beeinflusste.“[114]

Das Künstlerviertel der Jahrhundertwende wandelte sich zur Traumstadt der Studenten, Hippies und „Gammler“. In Fotografien und Filmen wie „Zur Sache, Schätzchen“ (1968) von

May Spils (mit Uschi Glas und Werner Enke) fand das dort gepflegte Schwabing-Image weltweit Beachtung.[115]

Zu erwähnen ist hier auch der 1970 entstandene Film „Stehaufmännchen – Liebe in der APO-Zeit“ von Willy Bogner. Aus Anlass seiner Ehrung auf dem Münchner Filmfest 2014 sagte der mittlerweile 72-jährige Bogner in einem Interview: „Ich wollte damals vor allem dieses typische Schwabing zeigen und ein bisschen karikieren.“[116] Illustriert war das Interview mit der Einstellung, die Münchner Filmgeschichte geschrieben hat: Iris Berben und ein Student beim Liebesspiel auf dem Siegestor (an dieser Stelle schaut heute die restaurierte und dort wieder aufgestellte Bavaria mit der Löwen-Quadriga in Richtung Schwabing).

Viele Clubs und Diskotheken bescherten in den Sechzigerjahren dem Mythos Schwabing eine neue Blütezeit. Erinnert sei nur an die damals neuen Hochburgen der Pop- und Jugendkultur wie das von den beiden Brüdern Anusch und Temur Samy eröffnete „Drugstore“, das „Blow up“ oder das „Città 2000“ (1969), vor dem als Symbol eine goldene Hand aufragte. Erinnert sei auch an „Schwabylon“, den popfarbenen Vergnügungs- und Einkaufspalast, der 1971 eröffnet und 1978 schon wieder vollständig abgerissen wurde.[117]

Schwabing wurde in dieser Zeit auch zum Ort der Spekulanten; wie schon vorher in der Maxvorstadt und in Haidhausen drohte auch Schwabing die Gentrifizierung. Die Rettung der Seidlvilla am Nikolaiplatz als kulturelles Zentrum steht als positives Symbol vielen gescheiterten Kämpfen gegenüber. Diese von dem Architekten Emanuel von Seidl erbaute Villa wurde 1970 von der „Aktion Nikolaiplatz“ vor dem Abriss bewahrt, seit 1991 ist sie ein Bürgerhaus für soziale Interessenverbände, gemeinnützige Einrichtungen, Sitzungsort für den Bezirksausschuss 12 (Schwabing-Freimann) und mit ihrem reichhaltigen Kulturprogramm ein lebendiges Schwabinger Kulturzentrum.[118]

Ein letztes Relikt dieser unruhigen Sechzigerjahre wohnt heute noch in Schwabing und hat irgendwie und immer ganz in Weiß gekleidet sein Wohn- und Lebensprojekt mit mehreren Frauen ins 21. Jahrhundert gerettet – Rainer Langhans.

Der Schwabing-Mythos heute?

Heute gibt es noch ein weiteres Relikt, mit dem einst der Mythos Schwabing wiederbelebt worden ist: der Schwabinger Kunstpreis.

Mit den Schwabinger Kunstpreisen werden Kulturschaffende „für ihre kulturellen und künstlerischen Leistungen für Schwabing im Sinne seiner Tradition“ (so hieß es zuletzt immer in den offiziellen Pressemitteilungen des Kulturreferats) ausgezeichnet.

Die erste Verleihung des Schwabinger Kunstpreises fand 1961 statt. Der erste Preisträger war – wie konnte es anders sein – Peter Paul Althaus, der liebenswert-spleenige Poet der „Traumstadt“. Der Preis schöpfte anfänglich aus einem 5.000-Mark-Fond der drei Münchner Zeitungsverlage Süddeutsche, Merkur und Abendzeitung. Von 1962 an begleitete die Verleihung ein Rahmenprogramm, die sogenannte „Schwabinger Kunstwoche“. Ab 1966 übernahm Robert Huber als neuer Geschäftsführer beim „Münchner Verkehrsverein – Festring e.V.“ sämtliche Planungen für die „Schwabinger Kunstwoche“.[119] Bis 1970 gab es bereits 65 Preisträger in den Sparten Literatur, Darstellende Kunst, Malerei und Grafik, Plastik und Musik (1964 bekam ihn die Schwabinger Gisela). Dazu kam ein undotierter Ehrenpreis, den 1967 auch der „Schwabing-Professor“ Theodor Dombart erhielt. Das Münchner Stadtmuseum stellte 1970 zum zehnjährigen Bestehen des Kunstpreises die Preisträger in einer Ausstellung vor.

Eine spektakuläre Aktion waren 1971 die „Schwabinger Abendspiele – Urbs Rosa“, realisiert nach einem „Stadtverfremdungskonzept“ von Otto Dressler in Zusammenarbeit mit dem Galeristen Peter Rutzmoser. Das Signum dieser Schwabinger Woche war ein „pneumatischer Knoten“ über dem Wedekindplatz. Die Veranstaltung vom 23. Juni bis 4. Juli konfrontierte den ganzen Stadtteil mit moderner Kunst in Form von Publikums-Aktionen, Großskulpturen, Transparenten, Dia- und Filmvorführungen, Lichtgestaltungen, Musik, Lesungen und Theateraufführungen.

In den folgenden Jahren verschwand die Kunstwoche zunehmend aus dem öffentlichen Raum. Sie fand kaum noch auf den Straßen, Plätzen und in den Schaufenstern Schwabings statt, sondern in geschlossenen Räumen. Die „19. Schwabinger Woche“ vom 23. bis 27. Juni 1980 war die letzte dieser Art mit einer Fülle von Einzelveranstaltungen. In diesem Zeitraum standen Jazz im Amerika-Haus, Musik-Literatur-Aktionen auf der Studiobühne des Theaterwissenschaftlichen Instituts der Universität, im Forum Münchner Freiheit und in der „Neuen Post“, Ausstellungen in zwei Münchner Bankhäusern, Abende der Künstlervereinigungen „Schwabinger Brettl“ und „Katakombe“ in der Max-Emanuel-Brauerei sowie Veranstaltungen der „Spieldose“ im Künstlerhaus auf dem Programm.

Da die Veranstaltungsreihe immer defizitär war, zog sich der Verein „Festring" aus der Organisation zurück. Der Schwabinger Kunstpreis, den der „Festring" noch eine Zeit lang finanzierte, wird daher seit 1981 nur noch vom Kulturreferat der Landeshauptstadt München verliehen (mit wechselnden weiteren Stiftern der Preise wie z. B. die Münchner Stadtsparkasse).

Zum 50-jährigen Jubiläum des Schwabinger Kunstpreises im Jahr 2010 gab das Kulturreferat den Sammelband „Aus der Traumstadt" mit Kurzbiographien aller Preisträger heraus, die eine beachtliche Ahnengalerie geworden ist. Aber der Schwabinger Kunstpreis lebt gar nicht so sehr von den Namen, sondern vielmehr von Institutionen, die diesen Stadtteil in den letzten Jahrzehnten geprägt haben, wie die Lach- und Schießgesellschaft, das Kleine Spiel, die Spieldose, die Katakombe, das Ensemble KEKK, die Autorenbuchhandlung, das Studiotheater, das Crüppel-Cabaret, das Theater der Jugend, Jörg Maurers Unterton, Rita Rottenwallners Tollwood-Festival, die Theaterkneipe Heppel & Ettlich, das Theater 44, das Theater am Sozialamt (TamS), das Rationaltheater (seit 1965) oder die „Lehmkuhle" (einige Institutionen gibt es schon nicht mehr oder haben sich verändert), sowie aus jüngerer Zeit das Lustspielhaus, das Vereinsheim in der Occamstraße 8 (wo einst das Nachtlokal „Bei Gisela" war), die Galerie-Plattform „84 GHz" mit der von ihr jährlich organisierten Veranstaltung „Kunst im Karrée" (offene Ateliers in Schwabing und in der Maxvorstadt) oder der zweimal jährlich stattfindende Corso Leopold, der zu dem meistbesuchten Münchner Veranstaltungen geworden ist.[120]

Das ist schon eine beachtliche Aufzählung, die allen schwer zu schaffen machen dürfte, die sich seit Jahrzehnten abmühen, das kulturelle Schwabing tot zu sagen. Der damalige Oberbürgermeister Christian Ude schrieb in dem erwähnten Sammelband zum 50jährigen Jubiläum des Schwabinger Kunstpreises einen kleinen einleitenden Beitrag mit der bezeichnenden Überschrift „Ein halber Jahrhundert-Mythos", der wie folgt endet: „Halten wir fest: Der Mythos Schwabing ist schon mehr als ein Jahrhundert alt. Die zweite Hälfte dieses Jahrhunderts wurde im Schwabinger Kunstpreis vortrefflich gebündelt und widergespiegelt, geehrt und angespornt. Das sollen uns die Waldperlacher, Sendlinger und Sollner erst mal nachmachen!"[121]

Den undotierten Ehrenpreis erhielt übrigens im Jahr 2012 zum letzten Mal der schon oft genannte Anatol Regnier. Er regte sich bei der Preisverleihung so über die Undotierung auf, dass der Ehrenpreis seitdem nicht mehr verliehen wird. Bei der Verleihung am 15. Juli 2014 wurde der Ehrenpreis als Überraschung doch noch einmal vergeben: an den nun Alt-Oberbürgermeister Christian Ude, der 24 Jahre selbst die Schwabinger Kunstpreise verliehen hatte. Mit ihm wurde – so die Begründung des Kuratoriums – „eine Person, eine Persönlichkeit, ein Gesamtkunstwerk" gewürdigt, „um das uns Münchner die ganze Welt beneidet, ein Schwabinger Urgestein, das so alt ist und wertvoll, dass es nicht einmal mehr Oberbürgermeister sein darf."[122] Zum Ende der Amtszeit Udes und im Vorfeld der Kommunalwahl 2014 schrieb die Frankfurter Allgemeine im Hinblick auf seine Schwabinger Herkunft unter der Überschrift „Nachfolger für den Sonnenkönig gesucht": „Reiter, in Rain am Lech geboren, im Münchner Stadtteil Sendling aufgewachsen, ist in Auftreten und Diktion ein anderer Typus als der Schwabinger Ude, der nur zu gerne den Bohemien im Rathaus gab." Und an anderer Stelle im Artikel sprach der München-Korrespondent der Frankfurter Zeitung nochmal ganz explizit vom „Schwabinger Ude, der nie ganz den Anschein widerlegen konnte, die zivilisierte Welt ende für ihn am Münchner Siegestor".[123]

Dazu passen zwei Auszeichnungen, die Ude am 21. Februar 2014 erhielt. Seine Freude darüber drückte er zwei Tage später bei Facebook so aus: „Edith und ich bekamen von der Schwabinger Gisela, 85, und dem Schwabinger Ehrenpreisträger Wolfgang Roucka (sein Atelier wurde 50!) die ‚Schwabinger Laterne', benannt nach Giselas bekanntesten Song nach ‚Aber der Nowak ...'. Damit nicht genug: Die ‚Traumstadt' hat mich zu ihrem ‚Traumstadtbürgermeister' ernannt. Eine poetische Spielerei, die es seit 1965 gibt (bei der Gründung war ich als Schüler dabei) und die der Dichter Peter Paul Althaus ins Leben gerufen hat." Ein Jahr später fand im legendären Partykeller Udes am Kaiserplatz die erste Bürgerversammlung statt. Die Süddeutsche Zeitung titelte: „Christian Ude hat den Zenit seiner Karriere erreicht: Er ist jetzt hauptberuflich Bürgermeister der Traumstadt Schwabing, die wieder zu neuem Leben erwachen soll."[124] Und die berühmte „Schwabinger Laterne" der 2014 verstorbenen Gisela,[125] das Symbol für die verruchte Vergangenheit des Viertels, wird am 29. April 2016 auf dem runderneuerten Wedekindplatz aufgestellt werden.[126]

Fazit: Schwabing lebt und auch der Mythos Schwabing lebt weiter (wenn auch nicht mehr im Münchner Rathaus)!

Exkurs: „Schwabing-Professor“ Theodor Dombart (1884 – 1969)

Theodor Dombart wurde am 8. Oktober 1884 in Erlangen geboren und kam als Schüler nach Schwabing. 1904 machte er sein Abitur am Max-Gymnasium (damals noch in der Ludwigstraße). Er kannte also noch die dörflichen Ecken seines geliebten Schwabing, erlebte aber den Wandel zu einem suburbanen Stadtviertel der Großstadt München mit und registrierte genau die nicht nur baulichen Veränderungen der Zeit. Der Abbruch der Nikolaikirche 1896 oder das für ihn ebenso frevelhafte Abholzen der Pappelallee in der Ungererstraße 1904 weckten seinen Heimatsinn.

Nach dem Studium der Architektur an der Technischen Hochschule wurde er Regierungs-Baumeister. In dieser Eigenschaft unterzeichnete er (mit Adresse „Leopoldstr. 153“) im April 1912 eine Petition an das Münchner Kollegium der Gemeindebevollmächtigten zum Naturschutz in Schwabing und zum Erhalt der Pappelallee in der Leopoldstraße. Die (erfolgreiche) Petition wurden von vielen Schwabingern mitgezeichnet, darunter der Bildhauer Hermann Obrist oder der Philosoph Ludwig Klages.[127]

Schwabing
Briefliche Plaudereien von Th. Dombart
Mit 92 Abbildungen
1 9 1 3
Bayerland-Verlag G. m. b. H. zu München

Oben: Titelseite des 1913 erschienenen Buches „Schwabing“ von Theodor Dombart

Rechte Seite, unten: Theodor Dombart in seiner Wohnung in Schwabing, um 1950 (zeigt auf den Ort Schwabing in der Apian-Karte des Herzogtum Bayern)

Dombart studierte weiter und promovierte über ein Problem der altorientalischen Archäologie. Er unternahm viele Reisen in den Nahen Osten und hatte seit 1927 eine Professur für Geschichte der Baukunst und Architektur im alten Orient an der Ludwig-Maximilians-Universität München inne. Er war aber vor allem Heimatforscher aus Neigung und trat schon 1921 dem Historischen Verein von Oberbayern bei. Von 1935 bis 1963 fungierte Dombart im Verein als Schatzmeister und wurde danach zum Ehrenmitglied ernannt. „Seine vielen, ebenso gründlich wie feinsinnig und liebevoll dargebotenen Vereinsvorträge fanden immer eine große, dankbare und beglückte Zuhörerschaft.“[128] Die Erforschung des historischen Schwabings wurde zu seinem Lebensthema. Unermüdlich trug er Material zusammen und fotografierte auch selbst. Er hielt viele Vorträge und machte auch bis ins hohe Alter Führungen für Schulklassen – und er publizierte unermüdlich. Bereits 1913 veröffentlichte er sein erstes Buch über Schwabing. Es heißt nur schlicht und konkret „Schwabing“. Mit seinen – so der Untertitel – „Brieflichen Plaudereien“ (mit dem wohl fiktiven, nach Amerika ausgewanderten alten Schulfreund „Hanns“) setzte der Autor dem alten, verschwindenden Schwabing ein inspiriertes Denkmal, das nicht zuletzt durch seine 92 Fotografien die alte Zeit bewahrt.

Dombart hat danach noch zahlreiche Publikationen über Schwabing veröffentlicht. Eine zu seinem 80. Geburtstag im Jahr 1964 gedruckte „Münchener Stadtkunde“, die vom Schulreferat der Landeshauptstadt München in Verbindung mit dem Stadtarchiv München und vielen anderen Institutionen herausgegeben wurde, enthält eine Liste der „Schwabingensisch-Monacensischen Veröffentlichungen Theodor Dombarts“, die allein 114 Titel umfasst. Zu einem Standardwerk der Münchner Stadtgeschichtsforschung wurde seine umfassende geschichtliche Darstellung des Englischen Gartens im 70. Band des „Oberbayerischen Archivs“ (1933). In dieser Zeitschrift des Historischen Vereins von Oberbayern veröffentlichte er zudem Aufsätze über das „Schwabinger Leprosenhaus“ (Band 85, 1962) und über das Schloss „Biederstein“ (Band 87, 1965). Auch sein letztes Buch aus dem Jahr 1967 war Schwabing gewidmet: „Schwabing. Münchens älteste und schönste Tochter“ – so der oft zitierte Titel.

Oben: Theodor Dombart führt eine 3. Klasse der Volksschule an der Türkenstraße im Rahmen des Heimatkundeunterrichts durch Schwabing, 1960.

1967 wurde Dombart der Ehrenpreis des Schwabinger Kunstpreises verliehen.

Kurz nach seinem Tod am 25. Dezember 1969 erhielt das Stadtarchiv München einen großen Teil des Nachlasses mit einer reichhaltigen Materialsammlung zu Schwabing (darunter viele Fotografien). In der Bayerischen Staatsbibliothek befinden sich weitere Teile seines wissenschaftlichen Nachlasses (u.a. Briefe, Manuskripte, Notizen, Reisetagebücher, Fotomaterial, Sonderdrucke). Da Dombart der Erlöserkirche besonders verbunden war, erhielt das Gemeindearchiv den diesbezüglichen Teil des Nachlasses.

1973 wurde er noch posthum mit einer Straßenbenennung geehrt. Die Theodor-Dombart-Straße nördlich des Ungererbades liegt natürlich in: Schwabing.

Anmerkungen

1 Bayerisches Hauptstaatsarchiv HL Freising 3a, f. 171. – Druck: Bitterauf, S. 122 Nr. 106; Weißthanner S. 14 Nr. 10. – Literatur: Richard Bauer (2004), S. 11ff.; Stephan (2008), S. 5 Nr. 2.

2 Westenrieder, S. 261.

3 In einer Urkunde Bischof Gerolds von Freising für das Kloster Scheyern aus dem Jahr 1224 ist in der Zeugenreihe neben dem urkundlich erstmals genannten Pfarrer der Münchner Peterskirche („Chunradus plebanus de Munichen") auch genannt: „item de ministerialibus ecclesie Frisingensis Eberhardus de Swabingen et frater suus Eberhardus". – Druck: Stephan (1988), S. 47f. Nr. 21.

4 Vgl. Dombart, Milbertshofen, S. 17ff.

5 Vgl. das detaillierte Kapitel „Der schäftlarnische Konradshof" bei Richard Bauer (2002), S. 60–77.

6 Uhl, S. 120ff. Nr. 143. – Zu der damit zusammenhängenden Diskrepanz zwischen der offiziellen Burgfriedensgrenze von München und den Zehntgrenzen als älteste Flurgrenzen vgl. das Kapitel „Kloster Weihenstephan und Schwabing" bei Richard Bauer (2002), S. 97ff.

7 Richard Bauer (2002), S. 123.

8 Diese im Bayerischen Hauptstaatsarchiv verwahrten Quellen bilden die Hauptgrundlage für den Historischen Atlas Bayern, der von der Kommission für bayerische Landesgeschichte bei der Bayerischen Akademie der Wissenschaften herausgegeben wird. – Für das Landgericht Dachau ist der sinnigerweise zur 800-Jahrfeier Münchens 1958 erschienene Band 11/12 von Pankraz Fried einschlägig. – Zum Grundbesitz in Schwabing: Fried, S. 57.

9 Bayerisches Hauptstaatsarchiv, KL München Unser Lieben Frau 74.

10 Vgl. das Kapitel „Die Kirchenstiftung von St. Ursula" bei Richard Bauer (2002), S. 138ff.

11 Fried, S. 134f.

12 Vgl. Schattenhofer, Suresnes.

13 Richard Bauer (2002), S. 142.

14 Fried, S. 137.

15 Fried, S. 136.

16 Fried, S. 137f.

17 Fried, S. 136f.

18 Richard Bauer (2002), S. 142.

19 Seit 1839 gab es dort neben der Gaststätte „Zum Tivoli" noch die Ludwig-Malzmühle, die 1872/73 den Namen „Kunstmühle Tivoli" übernahm. Ab 1969 entstand auf diesem der Bayerischen Vereinsbank gehörigen Gelände der Tucherpark (vgl. Stahleder, S. 111).

20 Der eigentliche Triftkanal verläuft innerhalb der Stadtgrenze quer durchs Lehel. – Der Ort fehlt bei Stahleder.

21 Vgl. Grundsteuerkataster von 1862 (Staatsarchiv München, Kataster 13550). – Die Ortschaft ist ebenfalls bei Stahleder nicht verzeichnet.

22 Vgl. „Übersicht über die im Gemeindebezirke Schwabing befindlichen Gebäude" aus dem Jahr 1868, die vom Gemeindevorsteher Michael Zelger unterzeichnet ist (Stadtarchiv München, Bürgermeister und Rat 163/12).

23 Zum Verkauf von Grund und Boden durch die Schwabinger Bauern schon im ersten Viertel des 19. Jahrhunderts: Stadtarchiv München, Schwabing 536.

24 Wie Anm. 20.

25 Verfassung des Königreichs Bayern vom 1. Mai 1808, Dritter Teil (Von der Verwaltung des Reiches), § 5.

26 Stadtarchiv Schwabing, Bürgermeister und Rat 6/2 (gedrucktes Protokoll vom 23. Oktober 1846).

27 Stadtarchiv Schwabing, Schwabing 2; vgl. dort die Beschlüsse des 15köpfigen Gemeindeausschusses vom 17. Juli 1879 und der Gemeindebürgerversammlung vom 16. August 1879.

28 Stadtarchiv München, Schwabing 171. – In dem Akt wird als erster Pfarrer Johann Martin Hutter genannt, bisher Benefiziat der Nikolaikirche am Leprosenhaus.

29 Vgl. Stadtarchiv München, Schwabing 81.

30 Dombart (1913), S. 88.

31 Ebd.

32 Stadtarchiv München, Schwabing 3 und 4.

33 Stadtarchiv München, Bürgermeister und Rat 325/3.

34 Stadtarchiv München, Schwabing 482. – Mit einem Plan von Schwabing aus dem Jahr 1865 mit eingezeichnetem Weg der Straßenlokomotive von der Hirschau zur Schwabinger Landstraße.

35 Neubauer, S. 126.

36 Stadtarchiv München, Schwabing, 396–440.

37 Stadtarchiv München, Schwabing 342.

38 Stadtarchiv München, Schwabing 190 und 196.

39 Stadtarchiv München, Schwabing 2: Deutsche Gemeinde-Zeitung vom 28. August 1886.

40 Neubauer, S. 130.

41 Exemplare in: Stadtarchiv München, Schwabing 3.

42 Stadtarchiv München, Schwabing 496.
43 Stadtarchiv München, Schwabing 525. – Bismarck ließ am 18. März 1885 über sein „Spezial-Bureau des Reichskanzlers“ Bürgermeister Ansprenger ausrichten, dass er „es sich zur hohen Ehre rechnet, wenn die von Euerer Wohlgeboren bezeichnete Straße in Schwabing seinen Namen führen wird.“
44 Stadtarchiv München, Schwabing 542.
45 Stadtarchiv München, Bürgermeister und Rat 163/11.
46 Stadtarchiv München, Bürgermeister und Rat 163/12.
47 Stadtarchiv München, Bürgermeister und Rat 163/12.
48 Stadtarchiv München, Schwabing 2.
49 Ebd. – Das Referat Petuels auch in Schwabing 5.
50 Die vom Prinzregenten und vom Innenminister Max Freiherr von Feilitzsch unterschriebene Urkunde befindet sich nur abschriftlich in den Akten, mit einer Beglaubigung durch Emil Pündter, den Leiter des Bezirksamts München I., vom 22. November 1886 (Stadtarchiv München, Schwabing 2).
51 Stadtarchiv München, Schwabing 78: alphabetisches Verzeichnis der Gemeindebürger, geführt bis zur Eingemeindung 1890, mit 496 Namen.
52 Stadtarchiv München, Schwabing 9. – Vgl. auch das pathetische Huldigungsgedicht von S. Linhard „dargebracht dem wiedergewählten Bürgermeister, dem wohlgeborenen u(nd) hochachtbaren Herrn Alois Ansprenger, beim Eintritte Schwabings als Stadt“ (Stadtarchiv München, Schwabing 2).
53 Stadtarchiv München, Schwabing 3 (mit Grundriss des Gemeindehauses).
54 Stadtarchiv München, Stadtratskartei.
55 Stadtarchiv München, Schwabing 5. – Die farbige Skizze von Destouches fehlt im Akt, vorhanden ist nur eine schwarzweiße Entwurfszeichnung. – Eine farbige Variante findet sich in der Wappensammlung von nach Münchner eingemeindeten Vororten, die Alfred Baumeister, ein Mitarbeiter des Stadtarchivs München, im April 1938 zusammengestellt hat (Stadtarchiv München, Archiv 281).
56 Bayerisches Hauptstaatsarchiv, Gemeinde-Wappen-Akten 6, f. 350/354 (die Genehmigung des Prinzregenten wurde durch die Regierung von Oberbayern, Kammer des Innern am 8. Januar 1887 mitgeteilt).
57 Exemplare in: Stadtarchiv München, Schwabing 9.
58 Exemplare in: Stadtarchiv München, Schwabing 6.
59 Stadtarchiv München, Schwabing 83.
60 Die Urkunde fehlt leider im Stadtarchiv München, Nachlass Destouches 35. – Erhalten hat sich dort ein am 6. Juli 1887 angelegter „Familienstandsbogen für den Ehren-Bürger Herrn Ernst von Destouches in München“, der den Matrikelbögen der Adelsmatrikel nachempfunden ist.
61 Stadtarchiv München, Stadtchronik 1887, S. 1057–1059 (mit Abschrift der Urkunde).
62 Stadtarchiv München, Nachlass Destouches 35.
63 Stadtarchiv München, Schwabing 144 (mit kolorierten Grundriss- und Fassadenplänen).
64 Stadtarchiv München, Schwabing 499. – Vgl. auch einen von Theodor Dombart handgeschriebenen Aufsatz über die Eröffnungsfeier (Stadtarchiv München, Bibliothek, Av. Bibl. 45614).
65 Vgl. Hettler, S. 186ff.
66 Vgl. Abbildungen bei Schiermeier, S. 33.
67 Im Artikel „Neues Panorama“ in der Schwabinger Gemeinde-Zeitung vom 26. Oktober 1889 (Exemplar in: Stadtarchiv München, Schwabing 465) ist von einem „neuen Panoramagebäude an der Schwabingerlandstr.“ die Rede. – Vgl. auch Stadtarchiv München, Stadtchronik, Eintrag zum 31. Oktober 1889.
68 Stadtarchiv München, Stadtchronik, Eintrag zum 3. April 1898. – Schiermeier, S. 76.
69 Stadtarchiv München, Stadtchronik, Einträge zum 29. Januar 1912 und 29. Mai 1912. – Schiermeier, S. 83.
70 Stadtarchiv München, Schwabing 483.
71 Stadtarchiv München, Schwabing 27. – Dort auch der gedruckte Beschluss des Münchner Magistrats vom 9. Dezember 1890 über alle Straßenumbenennungen des Jahres 1890.
72 Vgl. die letzten Protokollbände der beiden Kollegien: Stadtarchiv München, Schwabing 32 bzw. 27.
73 Stadtarchiv München, Schwabing 6; dort auch das gedruckte Programm der Feier.
74 Zitiert nach Dombart (1913), S. 88ff. – Dombart schreibt selbst zur Authentizität der Rede Ansprengers, er habe wohl „manches erfunden; aber der Grundton jenes historischen Abendaktes war jedenfalls der: Schwabing, Schwabing über alles!“ (S. 92).
75 Stadtarchiv München, Stadtchronik 1890, S. 2147–2163.
76 Stadtarchiv München, Schwabing 395.
77 Vgl. die umfangreiche Liste der Ensembles und Einzeldenkmäler im Münchner Stadtteil Schwabing-Freimann im gleichnamigen Stadtbezirk 12 unter: https://de.wikipedia.org/wiki/Liste_der_Baudenkmäler_in_Schwabing. – Diese Liste ist Teil der Liste der Baudenkmäler in München. Grundlage ist die Bayerische Denkmalliste, die auf Basis des bayerischen Denkmalschutzgesetzes vom 1. Oktober 1973 erstmals erstellt wurde und seither durch das Bayerische Landesamt für Denkmalpflege geführt und aktualisiert wird.
78 Vgl. die umfangreiche Liste der Ensembles und Einzeldenkmäler im Münchner Stadtteil Schwabing-West im gleichnamigen Stadtbezirk 4 unter: https://de.wikipedia.org/wiki/Liste_der_Baudenkmäler_in_Schwabing-West.
79 Im Archiv der Erlöserkirchengemeinde finden sich 50 Bände mit Unterlagen des Kirchenbauvereins (Signatur A 271/1–50), in denen die Baugeschichte detailliert dokumentiert ist.

80 Viele Schwabinger und Münchner Persönlichkeiten liegen hier begraben; vgl. Reinhard Bauer (1997), S. 147 („Berühmte Tote im Nordfriedhof"). – Vgl. auch die neue App: http://www.wo-sie-ruhen.de; die Texte zum Nordfriedhof verfasste Claudia Denk.
81 Das Landgestüt ist bereits in der Übersicht der öffentlichen Gebäude aus dem Jahr 1868 mit fünf Gebäuden verzeichnet (Stadtarchiv München, Bürgermeister und Rat 163/12).
82 Augsburger Allgemeine vom 19. März 2008 („Schwabinger Dampfspeicherlok mit dem Tieflader ins Ries").
83 Gerstenberg, S. 7.
84 Reventlow, S. 25f.
85 Das Häuschen wurde 2014 trotz Protesten abgerissen; die Immobilienfirma bewarb das Neubauobjekt nun mit seiner korrekten Lage in „München-Schwabing zwischen Siegestor und Englischem Garten".
86 Klemperer, S. 16 bzw. 135.
87 Heißerer (1993).
88 Wittmann.
89 Stephan (2004), S. 37.
90 Michael Bauer (1984), S. 156 bzw. 218.
91 Mühsam, Tagebücher, Heft 5 und 22; ediert in Band 1 (2011) und Band 6 (2014).
92 Panizza wohnte ab Juli 1904 in der Feilitzschstraße 19/II. Einmal lief er „in Unterwäsche durch die vor seinem Haus einmündende Werneckstraße und die Maria-Josepha-Straße zum Siegestor" (Michael Bauer, S. 218 und Anm. 216), um seine Zwangseinweisung in eine Psychiatrie zu provozieren.
93 Stephan (2003) und Stephan (2006).
94 Stephan, Ruederer (2015), S. 96.
95 Stephan, Thomas Mann (2010), S. 55.
96 Ruederer, S. 84.
97 Kalkschmidt, S. 232.
98 Mann, S. 67.
99 Stephan (2005).
100 Müller, S. 435f. – Vgl. auch Stephan (2005).
101 Vgl. auch Dering.
102 Zitiert bei Seeberger, S. 83.
103 Kreis, S. 46.
104 Rösch, S. 187.
105 Macek, S. 17ff.
106 Seidlvilla-Verein (2009).
107 Prévot, S. 167 (Neuausgabe S. 134).
108 Vgl. die sozialgeographische Untersuchung von Jürgen Böddrich aus dem Jahr 1959. Böddrich (*1933) ging nach der Promotion in den Schuldienst, von 1966 bis 1986 vertrat er als SPD-Abgeordneter im Bayerischen Landtag Schwabing und den Münchner Norden.

109 Heißerer (2010).
110 Protokollband im Privatbesitz von Andrew Malura.
111 Im Oktober 2011 hatte ich dort selber Gelegenheit, in einer Ausstellung mit Bildern und Zeichnungen an meinen Vater, den Maler und „Simplicissimus"-Karikaturisten Günther E. Stephan (Künstlername „Steff"), zu erinnern.
112 Rambeck (2011).
113 Fürmetz (2006).
114 Braun (2014), S. 127.
115 Über den heute 75 Jahre alten Regisseur Werner Lemke erschien in der Süddeutschen Zeitung vom 29. Juli 2015 in der Reihe „Lieblingsplätze" ein kleines Porträt mit der Überschrift: „Ein Rest Bohème. Klaus Lemke schätzt die Akademie der bildenden Künste".
116 Süddeutsche Zeitung vom 4. Juli 2014.
117 Stankiewitz, S.92ff.
118 Heute ist der Gentrifizierungsprozess in Schwabing weitgehend abgeschlossen. Große Wellen schlug zuletzt – mit vielen Protestaktionen von Künstlern – der 2011 bevorstehende Abriss der „Schwabinger 7", seit den 1950er Jahren eine beliebte Kneipe in einer der Hinterhofbaracken an der Feilitzschstraße, oder der aktuelle Kampf der Mietergemeinschaft des Hauses Wagnerstraße 1 (mit der Livemusik-Kneipe „Schwabinger Podium") gegen den geplanten Abriss. Interessant ist jedenfalls, dass daneben luxuriöse Neubauten, wie der gerade entstehende riesige Komplex „Schwabinger Tor" zwischen Leopoldstraße und Berliner Straße, mit Bezug auf das Schwabinger Lebensgefühl beworben werden: „Wohnen à la Bohème" (so der Verkaufsprospekt unter: www.schwabinger-tor.de).
119 Robert Huber war bis 1992 Geschäftsführer beim „Festring" (der Verein organisiert bis heute viele Veranstaltungen vor allem rund um das Oktoberfest). Der Nachlass Hubers gelangte nach seinem Tod an das Stadtarchiv München.
120 Mitveranstalter Ekkehard Pascoe auf Facebook am 13. August 2015: „Man mag über die Traumstadt Schwabing sagen, was man will. Man kann sie als Nostalgiemythos in den Orkus des verdienten Vergessens wünschen oder immer neue, immer größere Investoren-Schachteln hinstellen – der Corso Leopold kennt keine Gnade. Er lebt die Traumstadt, er liebt das Schräge, er lacht über die Zweifler. Und tut es. Er träumt Schwabing auf die Straße."
121 Ude, S. 14.
122 Die Preisträger 2015 waren die Musikerin Salome Kammer sowie die Schriftsteller Moses Wolff und Barbara Bronnen; vgl. ihren „Schwabinger Lebenslauf", in: Münchner Feuilleton Juli (2015), S. 9 (dort auch ein literarisches Porträt über sie von Brigitta Rambeck).
123 Artikel von Albert Schäffer, in: Frankfurter Allgemeine Zeitung vom 13. März 2014.
124 Artikel von Franz Kotteder mit der ironischen Überschrift „Am Ziel aller Wünsche", in Süddeutsche Zeitung vom 23. Mai 2015.

125 Das Stadtarchiv München hat 2015 den Nachlass von Gisela Dialer (1929 – 2014) erworben, der Lebenszeugnisse, Fotos, Tondokumente und eine Materialsammlung aus den Jahren 1952 bis 2014 enthält.
126 Süddeutsche Zeitung vom 29. April und 4. August 2015.
127 Stadtarchiv München, Bürgermeister und Rat 491 / 1 mit dem Aktentitel „Natur- und Heimatschutz".
128 Aus dem Nachruf „In memoriam", in: Oberbayerisches Archiv 93 (1971), S. 5: „Der Historische Verein von Oberbayern gedenkt in tiefer Dankbarkeit dieser außergewöhnlichen Persönlichkeit, seines edlen Förderers und Freundes."

Quellen und Literatur

QUELLEN

Stadtarchiv München, Schwabing 1 – 545.
Stadtarchiv München, Bürgermeister und Rat 6/2, 7, 163/11 – 13, 325/3, 491/1, 1247, 1323, 1326, 1327.
Stadtarchiv München, Nachlass Destouches 25, 276.
Stadtarchiv München, Nachlass Dombart.

Fotos und Graphiken siehe Abbildungsverzeichnis

LITERATUR

- Peter Paul Althaus, In der Traumstadt, München 1951.
- Eva Amode, Helga Then Berg, 100 Jahre Seidlvilla 1905 – 2005. Vom Bürgerlichen Wohnen zum Haus für Bürger, München 2005.
- Elisabeth Angermair, München als süddeutsche Metropole. Die Organisation des Großstadtausbaus 1870 bis 1914, in: Richard Bauer (Hrsg.), Geschichte der Stadt München 1992, S. 307 – 335.
- Dies., Das Oberwiesenfeld. Exerzierplatz, Flugfeld, Olympiapark [Begleitbroschüre zur Ausstellung im Stadtarchiv München], München 1994.
- Dies., Die Entwicklung Schwabings von der Landgemeinde zum Großstadtviertel zwischen 1850 und 1900, in: Helmut Bauer, Elisabeth Tworek (Hrsg.), Schwabing. Kunst und Leben um 1900. Essays [zur Ausstellung im Münchner Stadtmuseum], Tucson 1998, S. 319 – 333.
- Dies., München im 19. Jahrhundert. Frühe Photographien 1850 – 1914, mit einer Einleitung von Michael Stephan, München 2013.
- Sibylle Appuhn-Radtke, Harmonie als zeitlose Qualität. St. Ursula in München-Schwabing. Ein Kirchenbau von August Thiersch, München 2013 [v.a. S. 29ff.: „Eine neue Pfarrkirche für Schwabing"].
- Kristian Bäthe, Wer wohnte in Schwabing?, München 1965.
- Dagmar Bäuml-Stosiek, Großstadtwachstum und Eingemeindungen. Städtische Siedlungsplanung zwischen Vorsicht und Vorausschau, in: Friedrich Prinz und Marita Krauss (Hrsg.), München – Musenstadt mit Hinterhöfen. Die Prinzregentenzeit 1886 – 1912, München1988, S. 60 – 68.
- Helmut Bauer, Schwabing. Kunst und Leben um 1900 [Begleitband zur Ausstellung im Münchner Stadtmuseum], München 1998.
- Helmut Bauer, Elisabeth Tworek (Hrsg.), Schwabing. Kunst und Leben um 1900. Essays [zur Ausstellung im Münchner Stadtmuseum], Tucson 1998.
- Michael Bauer, Oskar Panizza. Ein literarisches Porträt, München 1984.
- Reinhard Bauer, Schwabing. Das Stadtteilbuch, München 1997.
- Ders., Schwabing leuchtet. Geschichte, Kultur und Wirtschaft, München 2004.
- Richard Bauer, Monachium Frisingense. Neue Quellen und Aspekte zur freisingischen Frühgeschichte Münchens, in: Oberbayerisches Archiv 126 (2002), S. 1 – 164.
- Ders., Die Dotation des Alpolt und Huasuni zu Schwabing und Sendling (782) und ihre Bedeutung für die Frühgeschichte Münchens, in: Oberbayerisches Archiv 128 (2004), S. 11 – 45.
- Wolfgang Johannes Bekh, Traumstadt Schwabing. Ein Gang durch Jahre und Straßen. Mit Texten von Dirk Heißerer u.a., Dachau 1998.
- Gerhard Bellinger, Brigitte Regler-Bellinger, Schwabings Ainmillerstraße und ihre bedeutendsten Bewohner, München 2003.

- Theodor Bitterauf, Die Traditionen des Hochstifts Freising, I. Band (744 – 926) (Quellen und Erörterungen zur bayerischen und deutschen Geschichte, Neue Folge, Band 4), München 1905.
- Jürgen Böddrich, Der Strukturwandel von München-Schwabing seit 1850. Eine sozialgeographische Untersuchung, in: Hans Fehn (Hrsg.), Beiträge zur Stadtgeographie von München (Landeskundliche Forschungen, hrsg. von der Geographischen Gesellschaft in München, Heft 38), München 1958. – Auch als Sonderdruck, Diss. München 1959 [Exemplar im Stadtarchiv München aus dem Nachlass von Theodor Dombart mit einer Widmung des Verfassers: „Der Verfasser dankt seinem verehrten Gönner für alle Liebe und Mühe."].
- Ralf Bönt, Die Entdeckung des Lichts. Roman, Köln 2009 (Kapitel IV: „Die Löschung des Himmels" über die Einführung der elektrischen Straßenbeleuchtung in Schwabing).
- Hans Brandenburg, München leuchtete. Jugenderinnerungen, München 1951 [Viertes Kapitel: Schwabing].
- Ders., Im Feuer unserer Liebe. Erlebtes Schicksal einer Stadt, München 1956.
- Gernot Brauer, München Schwabing. Ein Zustand, München 2010.
- Oliver Braun, Sponti-Spaß und Straßenkampf – München 1968, in: Thomas Götz (Hrsg.), Revolution in München, Regensburg 2014, S. 126 – 152.
- Florian Dering, Die Pension Fürmann, in: Helmut Bauer, Elisabeth Tworek (Hrsg.), Schwabing. Kunst und Leben um 1900. Essays [zur Ausstellung im Münchner Stadtmuseum], Tucson 1998, S. 85 – 92.
- Theodor Dombart, Schwabing. Briefliche Plaudereien, München 1913.
- Ders., Das Werden und Sein des Englischen Gartens zu München, in: Oberbayerisches Archiv 70 (1933), S. 1 – 123.
- Ders., Alt-Schwabing, München 1950.
- Ders., Milbertshofen. Entwicklungsgeschichte eines Münchner Stadtteils, München 1956.
- Ders., Das München-Schwabinger Leprosenhaus und seine Nikolai-Kirche, in: Oberbayerisches Archiv 85 (1962), S. 3 – 41.
- Ders., Biederstein, in: Oberbayerisches Archiv 87 (1965), S. 7 – 68.
- Ders., Schwabing. Münchens älteste und schönste Tochter, München 1967.
- Kajetan Dürr, Historische Entwicklung der Münchner Stadtbezirke (Münchner Forum, Berichte und Protokolle 103), München 1991.
- Rudolf Förth, Mein altes, ewig junges Schwabing, München 2003.
- Pankraz Fried, Die Landgerichte Dachau und Kranzberg (Historischer Atlas von Bayern, Teil Altbayern, Heft 11 / 12), München 1958.
- Gerhard Fürmetz (Hrsg.), „Schwabinger Krawalle". Protest, Polizei und Öffentlichkeit zu Beginn der 60er Jahre, Essen 2006.
- Günter Gerstenberg, An Jackl packst am End vom Stiel. Geschichte und Geschichten um Alltag, Arbeit und Arbeiterbewegung in Schwabing 1890 – 1933, München 2005.

- Ulrike Haerendel, Schwabing-Freimann (KulturGeschichtspfad 12), München 2009.
- Georg Haunschild, Münchener Stadtkunde. Schwabingensisch-Monacensische Veröffentlichungen Theodor Dombarts, München 1964 (mit 114 Titel).
- Dirk Heißerer, Wo die Geister wandern. Eine Topographie der Schwabinger Boheme um 1900, München 1993, 3. Auflage 2001.
- Ders., Tukan in München (1930 – 1985). Verlag – Reihe – Bühne – Kreis, in: Elisabeth Braune (Redaktion), Der Tukan-Kreis 1930 – 2010, München 2010, S. 14 – 45.
- Nicolaus Hettler, Die Elektrotechnische Firma J. Einstein & Cie in München 1876 bis 1894. Eine Firmengeschichte, Diss. Stuttgart 1996, S. 122 – 158 [zur Einführung der elektrischen Straßenbeleuchtung in Schwabing und München].
- Katrin Hillgruber, Eine neue Ära beginnt. Der Tukan-Kreis von 1984 bis 2010, in: ebd., S. 48 – 71.
- Gerdi Huber, Das klassische Schwabing. München als Zentrum der intellektuellen Zeit-und Gesellschaftskritik an der Wende des 19. zum 20. Jahrhundert (Miscellanea Bavarica Monacensia, Heft 37), München 1973.
- Eugen Kalkschmidt, Vom Memelland bis München, Hamburg-Bergedorf 1948.
- Victor Klemperer, Man möchte immer weinen und lachen in einem. Revolutionstagebuch 1919, Berlin 2015.
- Marita Krauss, Schwabingmythos und Bohemealltag. Eine Skizze, in: Friedrich Prinz und Marita Krauss (Hrsg.), München – Musenstadt mit Hinterhöfen. Die Prinzregentenzeit 1886 – 1912, München 1988, S. 292 – 294.
- Julius Kreis, Rund um die Frauentürme. Ein lustiger Führer durch München und Umgebung. Ohne amtliche Quellen bearbeitet von A. Kraut und K. Würstl, München 1922, S. 46 [„Schwabing"].
- Ilse Macek, Das Ende des Schwabing-Mythos, in: Ilse Macek (Hrsg.), ausgegrenzt – entrechtet – deportiert. Schwabing und Schwabinger Schicksale 1933 bis 1945, München 2008, S. 17 – 34.
- Viktor Mann, Wir waren fünf. Bildnis der Familie Mann, Konstanz 1949 [Kapitel „Schwabing"].
- Erich Mühsam, Tagebücher, hrsg. von Chris Hirte und Conrad Piens, Berlin 2011ff. (auch als Online-Edition unter: www.muehsam-tagebuch.de).
- Karl Alexander von Müller, Aus Gärten der Vergangenheit, München 1951.
- Brigitte Neubauer, Die Physikatsberichte des Bezirks der Stadt München und der Landgerichte München links der Isar und München rechts der Isar (1861 / 62), in: Oberbayerisches Archiv 125, 2. Heft (2001), 7 – 158 [Edition von: Stadtarchiv München, Historischer Verein, Manuskripte 401 / 40].
- Karsten Peters (Redaktion), 1200 Jahre Schwabing. Geschichte und Geschichten eines berühmten Stadtviertels, hrsg. vom Festausschuss für die 1200-Jahrfeier von Schwabing und Victor Röder, München 1982 (mit einem Grußwort des Münchner Oberbürgermeisters Erich Kiesl).
- Karin Pohl, Schwabing-West (KulturGeschichtsPfad 4), München 2014.
- René Prévot, Kleiner Schwarm für Schwabylon, München 1954, Neuauflage 2008.

- Brigitta Rambeck, Zum Beispiel die Seerose ..., in: Gernot Brauer, München Schwabing. Ein Zustand, München 2010, S. 128 – 143.
- Dies., Traumstadt Schwabing – aus der Traum?, in: Literatur in Bayern 104 (2011), S. 33 – 43.
- Franziska zu Reventlow, Herrn Dames Aufzeichnungen oder Begebenheiten aus einem merkwürdigen Stadtteil, München 1913.
- Mathias Rösch, Das Parteimilieu der NSDAP-Sektion Schwabing, in: Richard Bauer, Hans Günther Hockerts, Brigitte Schütz, Wolfgang Till, Walter Ziegler (Hrsg.), München – „Hauptstadt der Bewegung". Bayerns Metropole und der Nationalsozialismus, München 2002, S. 187 – 188.
- Hans Rohrmann, Kirche St. Sylvester, München-Schwabing, Germering [2001].
- Richard R. Roth (Text) und Ernst Grasser (Fotos), in: Schwabing. Ein Bildband mit 113 Fotos, München 1958.
- Josef Ruederer, München [1907]. Herausgegeben und kommentiert von Walter Hettche und Waldemar Fromm, München 2012.
- Michael Sailer, Schwabinger Krawall. Irrwitzige Geschichten aus der Münchner Vorstadt, München 2007.
- Ders., Schwabinger Krawall 2. Neue irrwitzige Geschichten aus der Münchner Vorstadt, München 2008.
- Michael Schattenhofer, Schloß Suresnes in Schwabing, München/Zürich 1990.
- Oda Schaefer (Hrsg.), Schwabing. Ein Lesebuch, München 1972 (Neuausgabe 1985).
- Franz Schiermaier, Panorama München. Illusion und Wirklichkeit. München als Zentrum der Panoramenherstellung, herausgegeben vom Stadtarchiv München und mit einem Vorwort von Michael Stephan, München 2009.
- Josef Schlossnikel, Festschrift 175 Jahre St. Sylvester München-Schwabing, München 1986.
- Kurt Seeberger und Brigitta Rambeck (Bilder), Schwabing. Ein abenteuerlicher Stadtteil, München 2000.
- Seidlvilla-Verein e.V., Gisela-Gymnasium München (Hrsg.), Durch diese Türen gingen sie ein und aus. Jüdische Bürgerinnen und Bürger in München-Schwabing während der NS-Zeit 1933 – 1945, München 2009.
- Helmuth Stahleder, Von Allach bis Zamilapark. Namen und historische Grunddaten zur Geschichte Münchens und seiner eingemeindeten Vororte, hrsg. vom Stadtarchiv München, München 2001, S. 102 („Schwabing").
- Karl Stankiewitz, München. Stadt der Träume. Projekte, Pleiten, Utopien, München 2005, S. 89 – 94 [Kapitel „Schwabinger Träume. Wohin steuert Wahnmoching?"].
- Birgit Stenger, St. Ursula München (Schnell Kunstführer 140), 2., neu bearb. Aufl. München/Regensburg 1993.
- Michael Stephan, Die Urkunden und ältesten Urbare des Klosters Scheyern (Quellen und Erörterungen zur bayerischen Geschichte, Neue Folge, Band 36/2), München 1988.
- Ders., Unzucht oder Wissenschaft? Der Prozess um das Buch „Kraftbayrisch" von Georg Queri (1912). [Nachwort zu:] Georg Queri, Kraftbayrisch. Ein Wörterbuch der erotischen und skatologischen Redensarten der Altbayern, München 2003, S. 247 – 263 [Neuauflage der Ausgabe von 1912 in der Reihe „edition monacensia"].
- Ders., Max Halbe (4.10.1865 – 30.11.1944. Dramatiker des Naturalismus, in: Alfons Schweiggert und Hannes S. Macher (Hrsg.), Autoren und Autorinnen in Bayern. 20. Jahrhundert, Dachau 2004, S. 37 – 39.
- Ders., Mit Nagelschuhen durch die Münchner Bohème. Georg Queri als Mundartdichter, Nachwort zur Neuausgabe von: Georg Queri, Die weltlichen Gesänge des Egidius Pfanzelter von Polykarpszell (1909), München 2005, S. 97 – 104.
- Ders., Der Prozess um das Buch „Kraftbayrisch" von Georg Queri (1912) – Rechtsgeschichtliche Anmerkungen zum § 184 Reichsstrafgesetzbuch und zum Münchner Zensurbeirat, in: Archivalische Zeitschrift 88 (2006), S. 977 – 994.
- Ders., „Forum Munichen". Die kaiserliche Bestätigung der Münchner Marktgründung – 14. Juni 1158 (Staatliche Archive, Kleine Ausstellungen 31), München 2008.
- Ders., Thomas Mann und der Münchner Zensurbeirat, in: Dirk Heißerer (Hrsg.), Thomas Mann in München V. Vorträge 2007 – 2009. Dokumentation (Thomas-Mann-Schriftenreihe 8), München 2010, S. 51 – 83.
- Ders., Die Manuskripte-Sammlung, in: Brigitte Huber (Hrsg.), Forscherlust und Sammeleifer. Die Sammlungen des Historischen Vereins von Oberbayern, in: Oberbayerisches Archiv 136 (2012), S. 127 – 143 (hier v.a. S. 140ff.: „Ein später Zuwachs zur Sammlung: Die oberbayerischen Physikatsberichte der Jahre 1858 – 1862").
- Ders., München wird Metropole. Die Entwicklung von der Residenz- zur Großstadt, in: Ulrike Leutheusser und Hermann Rumschöttel (Hrsg.), Prinzregent Luitpold von Bayern. Ein Wittelsbacher zwischen Tradition und Moderne, München 2012, S. 88 – 101.
- Ders., Einleitung [zu:] Elisabeth Angermair, München im 19. Jahrhundert. Frühe Photographien 1850 – 1914, herausgegeben vom Stadtarchiv München, München 2013, S. 7 – 12.
- Ders., Schwabing zwischen Wunsch, Vorstellung und Realität [Vortrag auf dem Fünften Karl-Graf-Spreti-Symposium mit dem Titel „Mythen der bayerischen Geschichte" in der Katholischen Akademie in München am 5. Juli 2014], in: Zur Debatte. Themen der Katholischen Akademie in Bayern, Sonderheft zur Ausgabe 4/2015, S. 24 – 26.
- Ders., Josef Ruederer (1861 – 1915). Eine biographische Skizze, in: Claudia Denk und Michael Stephan (Hrsg.), Josef Ruederer, Das Grab des Herrn Schefbeck, München 2015, S. 91 – 124.
- Wolfgang Till, „Zum Mythos". Schwabing, Cliché und Illusionen, in: Helmut Bauer, Elisabeth Tworek (Hrsg.), Schwabing. Kunst und Leben um 1900. Essays [zur Ausstellung im Münchner Stadtmuseum], Tucson 1998, S. 9 – 14.

- Christian Ude, Ein halber Jahrhundert-Mythos, in: Brigitta Rambeck im Auftrag des Kulturreferats der Landeshauptstadt München (Hrsg.), Aus der Traumstadt. 50 Jahre Schwabinger Kunstpreis, München 2010, S. 12 – 14.
- Karl Ude, Reminiszenzen, in: Kurt Seeberger und Brigitta Rambeck, Schwabing. Ein Münchner Weltteil, München 1980, 2. Aufl. 1986, S. 83.
- Bodo Uhl, Die Traditionen des Klosters Weihenstephan (Quellen und Erörterungen zur bayerischen Geschichte, Neue Folge, Band 27/1), München 1972.
- Hanns Vogel, Schwabing. Vom Dorf zur Künstlerfreistatt. Mosaik eines Münchner Stadtteils. Zum 800. Geburtstag Münchens, München 1958.
- Alois Weißthanner, Die Traditionen des Klosters Schäftlarn 760 – 1305 (Quellen und Erörterungen zur bayerischen Geschichte, Neue Folge, Band 10/1), München 1953.
- Claudia Wessel, Die Bombe, Tübingen 2015 (Thriller um die – nach dem Abriss der Gebäude mit der Kneipe „Schwabinger 7“ – am 27. August 2012 entschärfte Fliegerbombe aus dem Zweiten Weltkrieg).
- Lorenz Westenrieder, Beschreibung des churfürstl. Landgerichts Dachau, in: Beiträge zur vaterländischen Historie 4, München 1792.
- Reinhard Wittmann, Verlage in Schwabing (1892 – 1914), in: Helmut Bauer, Elisabeth Tworek (Hrsg.), Schwabing. Kunst und Leben um 1900. Essays [zur Ausstellung im Münchner Stadtmuseum], Tucson 1998, S. 159 – 174.
- Michael Wladarsch, Sylvia Katzwinkel (Hrsg.), Kunst im Karrée 1880 bis 1980. Eine Zeitreise im gefühlten Schwabing, München 2013.
- Sophie Wolfrum u.a. (Hrsg.), Theodor Fischer Atlas. Städtebauliche Planungen München, München 2012 [Planungen zu Schwabing-West S. 84ff., zu Schwabing-Freimann S. 224ff.].

BILDTEIL

1. Westlich der Schwabinger Landstraße

1

Mit der Fertigstellung des Siegestors (1850) und seiner Übereignung an die Kgl. Haupt- und Residenzstadt München (1852) wurde die ehemalige Landstraße nach Schwabing zur „Neuen Schwabinger Landstraße". In Fortsetzung der Ludwigstraße – und als vierzeilige Allee geradlinig und leicht nach Westen versetzt – wurde diese bis zur damaligen Burgfriedensgrenze bei der ehemaligen Leprosenhaus-Kirche St. Nikolaus angelegt und von dort bis zum Beginn der Chaussee nach Ingolstadt zwischen Schmiede und Großwirt im Dorf Schwabing zweizeilig fortgesetzt.
Aufnahme von der Ecke der späteren Giselastraße nach Süden (stadteinwärts). Gegenüber dieser Straßenecke scheinen hinter der Allee die Umrisse des Palais Leopold auf. Aufnahme um 1900.

Der Frontbau des Palais Leopold war 1845 von Friedrich von Gärtner als „Königliche Villa" für Königin Therese erbaut worden. Nach ihrem Tod (1854) war die Immobilie vorübergehend als „Kriegsschule" genutzt worden.
Nach dem deutsch-französischen Krieg 1870/71 wurde Leopold, Prinz von Bayern (1846 – 1930), zweiter Sohn des späteren Prinzregenten Luitpold, Besitzer der Villa. Er baute sie für sich und seine Verlobte, die Kaisertochter Gisela von Österreich (1856 – 1932), großzügig zum „Palais Prinz Leopold" aus. Nach der Eingemeindung Schwabings wurde die „Neue Schwabinger Landstraße" in „Leopoldstraße" umbenannt. Aufnahme um 1900.

Erst durch den Verkauf des Westteils des „Leopoldparks“ hinter dem Palais Leopold – er reichte bis zum ehemaligen „Türkengraben“ – um 1890 konnte ein neues Schwabing nördlich der Maxvorstädter Georgenstraße weiter nach Westen wachsen. Es schmückte sich mit den Vornamen weiterer Familienmitglieder der königlichen Familie (Giselastraße, Konradstraße) sowie der Kaiserhäuser (Franz-Joseph- und Elisabethstraße, Habsburger-, Elisabeth- und Kaiserplatz; Hohenzollern-, Friedrichstraße). Aufnahme um 1893.

Der Neubau der Akademie der Bildenden Künste durch Gottfried von Neureuther (1874 – 1885) machte das Grenzgebiet von nördlicher Maxvorstadt und neuem Schwabing zum „Künstlerviertel“. In vielen Neubauten – auch in zweiter Reihe als „Pavillongebäude“ – entstanden mit der Aufteilung des Leopoldparks zahlreiche Ateliers in Nordlage.
Ein augenfälliger Prototyp war das Atelierhaus Georgenstraße 40 des erfolgreichen Bildhauers und Stuckateurs Carl Fischer (Architekt: Eugen Behles, Türkenstraße; Pläne: 1889/90; Bauzeit: 1890/91). Umnummeriert auf Konradstraße 8 und 10, luftkriegszerstört (ca. 1943).
Nach dem frühen Tod von Carl Fischer (1891) war die Witwe Frieda Fischer 35 Jahre lang Eigentümerin. Namhafte Künstler wie Ritter von Schmaedel, Anton Azbe, Louis Braun, Landschaftsmaler Erich Kubierschky und Theodor Hummel, die Orientmaler Carl Wuttke und Gustav Bauernfeind und andere mehr mieteten hier Ateliers und Wohnungen oder betrieben Malschulen. Aufnahme 1910.

Straßenszene mit Fiaker vor dem Haus Rau, Leopoldstraße 19, Ecke Franz-Joseph-Straße. Die Villa war nach Plänen von August Thiersch (1843 – 1917), dem Architekten der neuen Schwabinger Pfarrkirche St. Ursula am Kaiserplatz (1894 – 1897), erbaut worden. Aufnahme um 1900.

Straßenpartie an der Franz-Joseph-Straße mit Allee und Blick auf den Turm der Volksschule am Elisabethplatz. Ensemble dreistöckiger Mietshäuser in geschlossener Bauweise mit Mansarddächern, Zwerchhäusern und Ecktürmen. Aufnahme um 1905.

Schulensemble Elisabethplatz: Elisabeth-Volksschule mit Uhrturm, Turnhallen (im Eck unter dem Turm) und geräumigen Unterrichtssälen.
Das von Theodor Fischer in den Jahren 1900/01 erbaute Schulhaus sollte Zentrum des Neubauviertels um den Elisabethplatz sein. Es ist zugleich ein Musterbeispiel der rund 30 reformpädagogisch ausgerichteten „Schulburgen" des Stadtschulrats Georg Kerschensteiner (1854–1932). Links im Hintergrund der Bau der Gisela-Kreisrealschule, erbaut nach Plänen von Oberbaurat Cajetan Pacher 1903/04.

Zum „Stadtteilzentrum Elisabethplatz" kam noch ein Frischmarkt mit Freibank (1905 Markthalle), eine – im Zweiten Weltkrieg zerstörte – Turnhalle, ein „Milchhäusl", dann Café („Schöberl", jetzt „Wintergarten" mit Biergarten), das Postamt München 13 an der Agnesstraße und – 1926 – das Großkino „Schauburg", zwischenzeitlich Disco und Szenelokal, jetzt „Theater der Jugend", ferner ein Elektrizitätswerk hinzu. Aufnahme um 1908.

Holz-Werkraum in der Elisabethschule. In einem großen, hellen Schulsaal arbeiten die Schüler an Hobelbänken, direkt vor dem Fenster an einer Drechselbank.
„Handwerklichkeit“ gehörte zum Kern des reformpädagogischen Konzepts Georg Kerschensteiners. Aus dem ursprünglich amerikanischen Ansatz der „Arbeitsschule“ entwickelte Kerschensteiner das „duale System“ der beruflichen Bildung als gegenseitige Ergänzung von theoretischer schulischer und praktischer betrieblicher Bildung. Bindeglied war die Handwerklichkeit schulischer Werkstätten und die sozial-staatsbürgerliche politische Bildung. Aufnahme 1909.

Vorstädtische Niedrigbebauung an der Westseite des Kurfürstenplatzes. Rechts dahinter im Norden Mietshaus-Hochbebauung der Zeile der ehemaligen Gastwirtschaft „Zum Gschlössls“. Im Vordergrund sind die dortigen Tramgleise sichtbar. Aufnahme 1930.

Grundsteinlegung der katholischen Pfarrkirche „Neu-St.-Ursula" am Kaiserplatz am 23. September 1894 durch den Münchner Erzbischof Antonius von Thoma. Mehr als 15 Jahre konfliktreiche Planungszeit war diesem Tag vorausgegangen, bis sich Pfarrer Peter Erlacher, der Architekt August Thiersch, der letzte Schwabinger Bürgermeister Alois Ansprenger und der Baumeister Josef Vasek mit kirchlichen, städtischen und staatlichen Stellen „zusammengerauft" hatten.

In dieser Zeit hatte der „malerische Städtebau" unter Theodor Fischer, dem Leiter des neuen Stadterweiterungsbüros, die geometrische Trassenführung abgelöst.

Die Architektur der Altartribüne der Grundsteinlegung nimmt die spätere Gestaltung des Hochaltarbereichs von St. Ursula vorweg.

Die neue Schwabinger St.-Ursula-Kirche nach der Fertigstellung 1897. Aus städtebaulichen Gründen und der Situierung des Bauplatzes wegen musste auf eine Ostung der Kirche verzichtet werden. Zeitgleich war östlich vom Querschiff das Kriegerdenkmal Schwabing für die Gefallenen der Kriege von 1866 und 1870/71 (Sandsteinlöwe auf Pfeiler, Entwurf: Wilhelm Nida-Rümelin) errichtet worden. Der Turm, dessen Bau aus Kosten- und Termingründen zunächst zurückgestellt worden war, wurde „im Eilverfahren" 1896/97 angefügt. Erbaut wurde auch nur das Pfarrhaus östlich der Kirche; auf die Westbebauung wurde verzichtet. Diese erfolgte erst 70 Jahre später, dann mit Pater-Rupert-Mayer-Studentenheim, Pfarrsaal, Mesnerwohnung und Jugendräumen. Auf die Rahmenbebauung des Kaiserplatzes nahm der Architekt August Thiersch entscheidenden Einfluss. Nur die Eckhäuser durften dreistöckig gebaut werden, die übrigen Gebäude nur zweistöckig. Letzteres führte mehrfach zu Auseinandersetzungen mit benachbarten Bauwerbern. Aufnahme 1931.

Das Tramdepot auf den „Hörmann-Wiesen“, später an der Wilhelmstraße, war schon 1876 für die Pferde-Trambahn mit Stallungen und Wagenremisen entstanden (Reste der ursprünglichen Bebauung links im Bild). Nach dem Auslaufen des Vertrags mit der belgischen Firma Otlet wurde die Münchner Straßenbahn ab 1896 elektrifiziert: Auch das Depot wurde umgebaut und erweitert. Mit der Stilllegung der Trambahnlinien 3, 6 und 8 anlässlich des U-Bahnbaus vor den Olympischen Spielen 1972 wurde das Tramdepot aufgelöst. Die Hallen und ergänzten Neubauten dienen seither gewerblichen Zwecken.
Aufnahme um 1930.

Schulensemble an der Wilhelmstraße. Links in Ost-West-Richtung das örtliche Schulhaus (Entwurf: Hermann Frauenholz) der Gemeinde Schwabing von 1887. Rechts der städtische Erweiterungsbau in Süd-Nord-Richtung (Entwurf: Carl Hocheder d. Ä.) von 1891/92, eröffnet am 15. September 1892. Davor im neubarocken Stil mit Mansarddach die neue Feuerwache für Schwabing (1900, Entwurf: Adolf Schwiening/Philipp Schwaab). Ab 1919 Umbau und Umnutzung als Jugendherberge Schwabing, jetzt Kindertagesstätte. Aufnahme um 1905.

2. Von St. Nikolai zum „Werneck-Schlössl“

Die spätmittelalterliche Nikolai-Kirche befand sich bis zur Eingemeindung Schwabings 1890 innerhalb des Münchner Burgfriedens am heutigen Nikolaiplatz. Danach wurde das Areal zum Opfer einer frühen Grundstücksspekulation, sichtbar an der schon städtischen Mietshausbebauung im Hintergrund. Trotz eines Erhaltungs-Comités wurde die kleine Kirche 1898 abgerissen. Aufnahme 1894.

Hinter dem Gebiet der Nikolai-Kirche befand sich die „Grube“, aus der wohl einst örtlicher Lehm-, Sand- oder Kiesbedarf gedeckt wurde. Das Quartier war nicht bäuerlich geprägt, sondern diente der Ansiedlung von Taglöhnern („Gruben-Pauli-Anwesen“) oder später von „Neuschwabinger“ Künstlern („Haus Rößler“) oder gewerblichen Zwecken wie – zur Siegesstraße hin – der alten Apotheke, der Bäckerei Rückerl oder der Krämerei Heigl.

Die im Hintergrund sichtbare Mietshausbebauung an der Martius-, Trautenwolf- und Leopoldstraße förderte trotz Einsatzes eines Erhaltungs-Comités (1897) den fast umgehenden Abriss der Nikolai-Kirche (1898) und die dortige Grundstückspekulation. Aufnahme um 1897.

Gebäudeansicht des von Theodor Dombart so bezeichneten „Gruben-Pauli"-Anwesens. Aufnahme um 1910.

Ein Musterbeispiel großbürgerlichen Bauens der Prinzregentenzeit ist die üppige Villa des Gutsbesitzers Paul Lautenbacher (Nikolaiplatz 1b, früher: Maria-Josepha-Straße 3) und seiner Ehefrau Franziska, der Witwe des Spatenbräu-Mitbesitzers Johann Sedlmayr (1846 – 1900). Der großzügige Bau wurde von dem damaligen Modearchitekten Emanuel von Seidl, dem jüngeren Bruder des berühmten Gabriel von Seidl, in den Jahren 1905 bis 1906 im Mischstil deutscher Neurenaissance mit Jugendstilformen erbaut: In einem harmonisch angefügten Seitentrakt waren Pferdestallung, Wagenremisen und Kutscherwohnung untergebracht. Der feudale Innenausbau weist Rotmarmorböden, reiche Wandtäfelungen und neuklassizistischen Deckenstuck auf. Das gesamte Ensemble ist von einer mit mehreren Toren bestückten Gartenmauer mit vasengekrönten Pfeilern umgeben.

Nach dem Tod der zum zweiten Mal zur Witwe gewordenen Besitzerin in den 1930er Jahren ging das Erbe durch mehrere Hände und wurde schließlich zum Spekulationsobjekt. Auf Druck der Öffentlichkeit und speziell einer Schwabinger Bürgerinitiative konnte die „Seidlvilla“ im Jahr 1977 durch Ankauf der Stadt München und der Nikolaiplatz als Ganzes weiterer Bauspekulation entzogen und als einzigartiges Baudenkmal und schließlich 1987 als Schwabinger Stadtteilkulturzentrum erhalten, renoviert und eingerichtet werden. Aufnahme um 1910.

Aus der neoklassizistischen Portikusvilla Mandlstraße 14, um 1920 nach Plänen von Eduard Hoffman für einen russischen Emigranten erbaut, mit der Ostfront idyllisch zum Englischen Garten direkt am Schwabinger Bach gelegen, wurde später (1954) das Standesamt München I. Aufnahme um 1930.

Direkt an der Brücke über den Schwabinger Bach stand Ecke Mandlstraße das Kleinanwesen Gunezrainerstraße 1 des Maffäer Kesselschmieds Engelbert Krausenegger (hier ca. 1901 mit Partnerin). Es ist die spätere „Villa Geiß" des Betreibers des „Café Leopold" (Leopoldstraße 48) und der Kleinkunstbühne des „Papa Geiß".
Von der Hirschau durch den Englischen Garten über die massive Brücke an diesem Haus vorbei und über das Granitpflaster („Katzenköpfe") der Gunezrainer- und Maffei-, später Feilitzschstraße, wurden die Maffei-Lokomotiven mit achtspännigen „Tiefladern" zum Münchner Hauptbahnhof transportiert. Erst im Jahr 1901 lief der Bahntransport über ein Werksgleis und den Schwabinger Güterbahnhof zur Ringbahn nach Freimann.

Der ehemalige Huber-Bauernhof „Beim Gaißer“ an der Gunezrainerstraße 6 lässt sich heute noch an der erhaltenen Baustruktur erahnen. Davor lehnt sich das Austrags-Häusl, das ehemalige Grabbichler-Anwesen (Nr. 8), an die städtische Hochbebauung (links) an. Daneben befindet sich am Eingang zum Englischen Garten der auch schon „historische“ Kiosk aus der Zeit nach dem Zweiten Weltkrieg. Aufnahme um 1910.

Eng aneinander geschmiegt befanden sich gegenüber dem Huber-Bauernhof (siehe vorige Seite) die kleinbäuerlichen Gapperl- und Kötterl-Anwesen. Das erstere (links) ist im Jahr 1937 abgebrandt. Das rechte Haus existiert heute noch und gebört zum Block der Katholischen Akademie in Bayern. Aufnahme um 1920.

Das ansehnlichste Bauernhaus Schwabings ist der noch erhaltene Viereck-Hof, Ecke Gunezrainer-/Feilitzschstraße. Es geht auf das 13. Jahrhundert zurück. Benannt wurde der Hof nach Balthasar Viereck, der im Jahr 1635 als Besitzer nachgewiesen ist. Die Vieregg(e)s, Viereckhs sind eine aus Mecklenburg stammende Grafenfamilie, die ab dem 16. Jahrhundert auch in bayerischen Diensten standen. Im 18./19. Jahrhundert waren sie u.a. Hofmarksherren von Tutzing.

Der Bau in Schwabing erhielt seine spätbarocken Formen im Jahr 1787. Der für das Alpenvorland charakteristische Einfirsthof steht unter Denkmalschutz und beherbergt seit seiner Renovierung Seminarräume der Katholischen Akademie in Bayern. Der Wirtschaftsteil, in welchem noch vor einer Generation das Schwabinger Tanzlokal „Zum Heuboden“ untergebracht war, musste einem formal angepassten Neubau weichen. Aufnahme 1895.

An der Werneckstraße liegt ein Schlössl gleichen Namens, das mit Freiherr Reinhard von Werneck (1757 – 1842), einem der Väter des Englischen Gartens, nichts zu tun hat. Der eigentliche Name des Bauwerks ist Schloss Suresnes (sprich: Sürenn); sein Erbauer war der Kabinettssekretär des Kurfürsten Max II. Emanuel, Freiherr Franz Xaver Ignaz von Wilhelm, der während des Spanischen Erbfolgekriegs seinen Fürsten in das zehnjährige Exil (1704 – 1714) nach Belgien und Frankreich begleitet hatte. Nach der Rückkehr ließ Wilhelm in Schwabing in den Jahren 1715 bis 1718 sein Schloss Suresnes bauen, „in Gedenken an die angenehmen Tage in Suresnes", dem Residenzort des bayerischen Kurfürsten nordwestlich von Paris. Er kaufte dafür mehrere Schwabinger Bauernhöfe und Gebäude auf. Aufnahme um 1923.

Das „Werneck-Schlössl“, wie das Bauwerk von den Schwabingern vertraut genannt wird, hatte eine unruhige Geschichte und ging in zwei Jahrhunderten durch annähernd 20 Hände. Es war recht herabgewirtschaftet, als sich am Ende der Räterepublik deren Protagonist und Komandant der Roten Armee, der Schriftsteller Ernst Toller, hier bei seinem Malerfreund Johannes Reichel versteckte und am 4. Juni 1919 von der Polizei aufgespürt wurde.
Wenige Jahre später grundlegend renoviert, wurde das Schlössl ab 1926 für zehn Jahre zur Wohnung des aus Ungarn stammenden Möbelgroßhändlers Samuel Weiss und seiner Familie. Nach der Arisierung im Jahr 1936 ersteigerte der St. Korbiniansverein die von der Dresdner Bank angebotene Immobilie, wo ein Ableger des Albertus-Magnus-Stifts, einer Seniorenresidenz in der Leopoldstraße 11, eingerichtet wurde. Dieser existierte bis 1977, als das Schlössl endgültig als Tagungs- und Gastgebäude in den Besitz der Katholischen Akademie in Bayern überging. Dieser Tatsache ist die aufwendige Renovierung – auch des Parks – zu verdanken. Aufnahme um 1930.

An der Siegesstraße 9/Ecke Wagnerstraße standen Wohnhaus und Werkstatt des Wagnermeisters Michael Schwend. Aufnahme 1911.

Gewerbliches Anwesen zum Schuhmachermeister Sommer. Aufnahme um 1910.

Der stattliche „Trummer-Bauer“ mit
Hofansicht Ecke Sieges-/Fendstraße 9.
Aufnahme 1909.

Das bäuerliche Anwesen „beim Eichinger“ Siegesstraße 16, Ecke Feilitzschstraße, befindet sich schon im Besitz der Schwabinger Brauerei. Im Hintergrund das dreistöckige Mietshaus mit Laden im Erdgeschoss und gewalmtem Mansarddach mit Balkon im First über dem Erker. Aufnahme um 1911.

3. Der alte Dorfkern am Kirchbergl

Kirche und Friedhof in Schwabing werden erstmals im Jahr 1315 in den sogenannten „Konradinischen Matrikeln“ schriftlich erwähnt. Die Kirche ist demnach eine Filiale der Pfarrei von Sendling-Thalkirchen und untersteht damit dem Freisinger Kollegiatsstift St. Johann Baptist. Sie ist der Schifferheiligen St. Ursula – 1429: „sand Urschel und ire Gesellschaft“ – geweiht. Der Bau war ursprünglich eine nach Osten gerichtete Chorturmkirche. Daran erinnert noch der massive Wehrturmsockel (12. Jahrhundert). Durch Erweiterungen im 15. und 17. Jahrhundert war eine Versetzung des Hauptaltars nach Westen notwendig geworden.
Eigenständige Pfarrei wurde Schwabing erst im Jahr 1811 nach der Säkularisation der Freisinger Hoch- und Säkularstifte. Erster Pfarrer war Seraph Dedler. Die Nikolai-Kirche des Leprosenspitals wurde zur Filialkirche; dort fanden nach der Zerstörung des Turms durch Blitzschlag im Jahr 1840 vorübergehend die pfarrlichen Gottesdienste statt. Als Pfarrhof diente bis zum Neubau an der Haimhauserstraße im Jahr 1859 ein Gebäude am ehemaligen Stubenrauch-Schlössl in der Werneckstraße. Aufnahme um 1890.

Die beengte dörfliche Situation am Kirchberg zeigt noch die Fotografie von Theodor Dombart aus dem Jahr 1909 mit dem ehemaligen Mesnerhäusl „beim Schmauß“ (links, südlich der Kirche) und dem Anwesen Engelhardt mit Gaslaterne im Vordergrund (rechts).

An der dörflichen Rossschwemme unterhalb des Kirchbergs am Schwabinger Bach entwickelte sich am Beginn der Biedersteiner- und der Keferstraße städtisch-bürgerliche Villenarchitektur mit Balkonen und Wintergärten, Spalieren und Fachwerkelementen. Aufnahme um 1910.

Die Südseite des Ruland-Hofs (Ratgeber-Ruland-Westermaier-Anwesen), gegen die Haimhauserstraße gesehen, adressmäßig als Biedersteiner Straße 4. Er war der letzte Bauernhof am Schwabinger Kirchberg. Aufnahme um 1904.

Mit dem Bau des Städtischen „Schulhauses an der Haimhauserstrasse. Vorstadt Schwabing“ setzte der noch neue Stadtarchitekt Theodor Fischer in den Jahren 1897/98 eine markante urbane Note in den alten Dorfkern.
Die großzügigen Klassenräume der Knabenschule mit dem aufwendig gestalteten Hauptportal, der Zweiteingang der Mädchenschule (links), der Schulturm mit Sonnenuhr, der Turnhallentrakt (rechts) und das Offiziantenhaus (linker Bildrand) entsprachen so ganz dem großzügigen reformpädagogischen Ansatz des erst 1895 ins Amt getretenen Stadtschulrats Georg Kerschensteiner.
Durch die gleichzeitige Auflassung des alten Schwabinger Dorffriedhofs und die Umgestaltung seiner Fläche zu einer Grünanlage (im Vordergrund) war der Rahmen des alten Dorfes Schwabing endgütig verlassen. Aufnahme 1898.

Schulklasse am Wandertag in der Biedersteiner Straße, Mai 1904; daneben die Villa an der Biedersteiner Straße 14 (heute Hausnummer 2).

Sommerliches Vergnügen auf dem Kleinhesseloher See, eine Kahnfahrt, um 1895. Im Hintergrund das in den Jahren 1882/83 nach den Plänen des Architekten Gabriel von Seidl errichtete Seehaus und das Denkmal für den Gartenbaudirektor Ludwig Sckell, nach dessen Plänen der Englische Garten angelegt worden war.

Eislaufen auf dem zugefrorenen Kleinhesseloher See. Aufnahme um 1900.

Das „Gohren-Schlössl“ geht auf einen „Lustgarten“ des 18. Jahrhunderts zurück. Hofmarschall Ludwig Joseph Moritz von Gohren war seit 1800 Besitzer des Marschallhofs in Schwabing (heute Artur-Kutscher-Platz, siehe S. 23) und erhielt vom Kurfürsten Max IV. Joseph für die Verbringung der Mannheimer Gemäldesammlung nach München den ehemaligen Rittersitz „Neufelden“ hinzu. Als Obersthofmarschall gehörte er zu den höchsten Chargen am bayerischen Königshof. Seine Familie war in Schwabing bis nach dem Ende der Monarchie heimisch.

Beliebt war das an der Geländeschwelle unterhalb des Schlössls liegende „Baronbergl“ als Schlittenbahn der Schwabinger Kinder. Vor dem Zweiten Weltkrieg befand sich auf der „Gohren-Wiese“ ein „Jugend- und Turn-Spielplatz“, danach eine Baracke als Vorläufer des „Städtischen Jugendfreizeitheims am Biederstein“ an der Gohrenstraße (1961). Aufnahme um 1909.

Schulgebäude des Vereins für hauswirtschaftliche Frauenbildung an der Antonienstraße 6. Während des Ersten Weltkrieges war hier ein Lazarett für Verwundete untergebracht. Aufnahme um 1916.

Die „Hansa-Heime“ wurden in den Jahren 1924/25 (Entwurf: Liebergesell & Lehmann) durch die Katholische Kaufmannsgilde „Hansa“ e.V. als groß angelegte Höhere Handelsschule mit Turnhallentrakt (1927, Hans Ücker) und Internatsbetrieb auf einem großflächigen Grundstück des Gohren-Schlössls zwischen Biedersteiner, Dietlinden- und Kunigundenstraße errichtet. Auf den kurzzeitigen Betrieb folgte 1939 die Nutzung als Polizei- und SS-Kaserne und als Lazarett. Nach Kriegsende wurde dort das „Städtische Krankenhaus am Biederstein“ eingerichtet, das jetzt die Dermatologische Klinik der Technischen Universität München beherbergt. Aufnahme um 1930.

4. Rund um den Marschallhof – Dorf im Übergang zur Stadt

Straßenfront der Südseite der Marschallstraße (heute Gohrenstraße) mit bäuerlich-vorstädtischer Bebauung von der Biedersteiner Straße zur Occamstraße. Von rechts ragen die Bäume des Parks des Gohren-Schlössls ins Bild. Aufnahme um 1910.

Der Schwabinger Marschall-Hof war aus Teilen des vorübergehenden Rittersitzes Klein-Biederstein (1795 – 1801) des ehemaligen Kastners des Freisinger Domkapitels Martin Schadenfroh entstanden. Im Jahr 1802 hatte Hofmarschall Ludwig Moritz Freiherr von Gohren im Norden des Dorfes Schwabing umfangreiche Grundstückskäufe getätigt und sie zu einem ansehnlichen Schlossgut, dem „Marschallhof", zusammengefügt. Hier das Gutshaus mit Mauer und Hofeinfahrt, dahinter landwirtschaftliche Gebäude im Jahr 1910. Die spätere Bebauung durch den Landwirt Ostermeier wurde 1960 abgerissen.

Noch im Jahr 1920 präsentierte sich der Marschall-Hof mit den dahinter liegenden Wirtschaftsgebäuden, jetzt mit geteerter Straße, Bürgersteigen und städtischer Streugutpyramide.

Die Häusl-Gruppe nördlich hinter dem Marschall-Hof, ihrer Form wegen „Sack-Zipfel“ genannt, kann als erste Arbeitersiedlung Schwabings bezeichnet werden. Hier und in den umliegenden Straßen wohnten, wie sich aus den Berufsbezeichnungen in den Stadtadressbüchern erschließen lässt, zahlreiche Arbeiter aus der Lokomotivfabrik Maffei. Bis in die Hirschau hatten sie einen kurzen Weg zur Arbeit. In der Bau- und Möbelschreinerei Dietrich hatte man sogar ein Quartier-Gasthaus. Aufnahme 1906.

Detail aus der Maffäer-Siedlung im „Sack-Zipfel“, hier von links Sackstraße Nr. 8 (mit Gasthausschild), 7 und 6 und im Vordergrund das Haus Nr. 9 mit Hofeinfahrt. Nach Abriss der Siedlung für den Bau der „Hansa-Heime“, einer Kaufmanns-Akademie mit Internatsbetrieb, in den 1920er Jahren und nach Teilbebauung des ehemaligen Schlossareals am Biederstein wurde die Kunigundenstraße bis zum Marschall-Hof durchgezogen. Aufnahme 1906.

Am Straßeneck westlich gegenüber dem Marschall-Hof stand das alte Schwabinger „Gmoa-Häusl" mit der Hausnummer Marschallstraße 6. Es gehörte seit jeher der Gemeinde und wurde als Hirtenhaus, für Dorfarme oder Obdachlose verwendet – ja, von Theodor Dombart auch als erstes „Krankenhaus" bezeichnet. Später erhielt es die Hausnummer Kunigundenstraße 1. Aufnahme um 1910.

Die Partie an der Marschallstraße zeigt in der Mitte das Haus Nr. 3, das Lebensmittelgeschäft des Krämers Franz Paul Strasser. Vor dem Schaufenster und den Reklametafeln hat sich eine zahlreiche Kinderschar aus der Nachbarschaft aufgereiht. Strasser gehörte auch das Haus Nr. 2, links davon, wegen Hochbebauung zurückgesetzt vom ehemaligen Straßenrand. Dort war die stattliche Gaststätte „Marschallburg“ mit Kegelbahn und großem Biergarten, „3 bis 400 Personen fassend“, entstanden.

Die rechte Doppelhaushälfte, Haus Nr. 4, mit Vorgarten hinterm Lattenzaun, gehörte dem Privatier Georg Baumann. Zur Miete wohnten dort die Taglöhner Josef Kraus, Josef Hofbauer und Mathias Landgraf sowie der Schlossergehilfe Michael Jung und die Näherin Maria Bierdimpfl.
Im dahinter liegenden Hochbau der Ökonomenswitwe Maria Bisl (Haus Nr. 5) wohnten der Lohnkutscher Karl Kraubs, der Fabrikarbeiter Johann Plank und der Hammerschmid Karl Schrödel. Aufnahme um 1905.

Das „Schnitzelbauer-Häusl", Marschallstraße 13, stand im Eigentum des Lohnkutscher-Ehepaars Max und Katharina Senft. Aufnahme um 1910.

Die benachbarte Marschallstraße 14, „beim Engelbrecht“ – mit großem Gemüsegarten und Dachgaube zum Heuschober –, gehörte dem Berufskollegen Franz Ratzet. Hier wohnte auch der Kutscher Josef Aschenbrenner und der Holzhändler Josef Seewald, dem das heruntergekommene benachbarte Gebäude Nr. 17 gehörte. Dort, Ecke Occamstraße, war mittlerweile ein Fahrradgeschäft eingerichtet, das auch Emaillieren und Verchromen anbot. Aufnahmen um 1910.

Die niedrigen Handwerkerhäuser Occamstraße 9 und 10 des Wagnermeisters Friedrich Flach und seines Nachbarn, des Schreinermeisters Johann Gerner, markieren um die Jahrhundertwende dort den Übergang von der zwei- bis dreistöckigen Mietshausbebauung zum ehemals bäuerlichen und kleingewerblichen nördlichen Ortsrand. Aufnahme 1949.

Noch nach dem Zweiten Weltkrieg bot das Anwesen Occamstraße 11 vom Hof her gesehen eine verfallende dörfliche Idylle. Es gehörte ursprünglich dem Molkereibesitzer Josef Berndl. Aufnahme 1949.

Der Gebäudekomplex Occamstraße 12 – 16 gehörte um die Jahrhundertwende schon dem jüdischen Kaufmann und Rentier Gabriel Heilbronner. Es war das weitläufige Gelände des ehemaligen „Nonnenpfleger-Hofs“, eines der ältesten und größten Bauernanwesen Schwabings. Der Fotograf Theodor Dombart vermutete, dass dort der ehemalige Burgstall oder Gutshof des Rittergeschlechts der Schwabinger war. Der Hof ist wohl nach deren Aussterben an die Münchner Bürgersfamilie der Ridler gekommen, die ihr „Seelnonnenhaus“ damit bestifteten. Seelnonnen waren Frauengemeinschaften, die als „dritter Orden“ nach der Franziskusregel lebten und in der Kranken- und Sterbebegleitung tätig waren. Der „Nonnenpfleger-Hof“ wurde im Jahr 1923 abgebrochen. Aufnahme um 1910.

Im Haus Occamstraße 13 befand sich das Gasthaus „Zu den 7 Schwaben“ des damaligen Wirts Martin Eggendorfer. Im Bild der Eingang zum Biergarten, zur Marschallstraße 13, „beim Breitsamter“, hin gelegen. Aufnahme um 1910.

„Der kleine Seidl" wurde das anschließende Niedrighaus des Fuhrwerksbesitzers Lorenz Seidl und seiner Ehefrau Maria, Occamstraße 17, genannt. Aufnahme um 1910.

Wohnhaus und Werkstatt des Zimmerermeisters Joseph Rank in der parallelen Marktstraße 6 wurden im Jahr 1860 erbaut. Sie waren ein gutes Beispiel biedermeierlicher Vorstadtarchitektur. Das benachbarte Mietshaus Marktstraße 5 gehörte ebenfalls Rank. Die Nachbaranwesen auf der rechten Seite, Hausnummern 7 und 8, gehörten dem Schwabinger Schmiedmeister Bartholomäus Fürmaier (Schmiede siehe Abb. S. 34). Auch die übrigen Anwesen der Marktstraße hatten fast ausnahmslos Handwerksmeister als Eigentümer. Aufnahme um 1900.

5. Schwabings neue Mitte links und rechts der Leopoldstraße

Die schmucke Villa Ecke Leopold-/Kaiserstraße bezeichnete der Fotograf Theodor Dombart als Haus „von Mann“. Im gegenüberliegenden Eckhaus Leopoldstraße 51 war von 1900 bis 1905 der erste Münchner Wohnsitz des Kulturphilosophen Karl Wolfskehl und Treffpunkt des George-Kreises und der „Kosmiker“ (Alfred Schuler, Ludwig Klages). Aufnahme 1912.

Das „Kgl. Postamt München 23“ wurde an der Leopoldstraße 57 erbaut und am 20. Januar 1903 eröffnet. Im Rückgebäude kam im Jahr 1908/09 eine große Telefonzentrale hinzu, die im Jahr 1925 durch einen Erweiterungsbau vergrößert wurde. Aufnahme 1942.

Das ehemalige Rathaus der Gemeinde und Stadt Schwabing an der Leopoldstraße 59. Aufnahme 1913.

Straßenbahnwarteraum und Bedürfnisanstalt an der Leopoldstraße 84.
Aufnahme um 1906.

Straßenbahnhaltestelle der Linie 6 an der Leopoldstraße, Ecke Nikolaistraße, September 1957; im Hintergrund die Erlöserkirche an der Münchner Freiheit.

Flaniermeile in der Leopoldstraße, September 1957. Hier die östliche Seite der Leopoldstraße, Ecke Nikolaistraße, mit Blick nach Norden.

Im Jahr 1877 hatte der aus Freising stammende, dann in Milbertshofen tätige Bierbrauer, Schnapsbrenner und Investor Ludwig Petuel das ehemalige Rittergut Mitterschwabing, das „Baader-Schlössl“, erworben und dort die Petuel'sche Brauerei, den „Schwabinger Bräu“, errichtet. Das Schlössl wurde als Gaststätte benützt. Mit seinem Saalbau gehörte der „Schwabinger Bräu“, der zur Faschings-Hochburg – zum Beispiel im Jahr 1895 erstmals mit einer „Schwabinger Bauernkirta“ – wurde, zu den Großgaststätten Münchens. Es fanden dort auch bedeutende politische Veranstaltungen, wie im Jahr 1902 der Reichsparteitag der Sozialdemokratischen Partei, statt. Später wurde die Gaststätte auch zu einer Hochburg der Nationalsozialisten. Aufnahme 1933.

Die Zentrale für die elektrische Straßenbeleuchtung, die noch vor München zuerst in Schwabing eingeführt wurde, lag in der Maffeistraße (nach 1891 Feilitzschstraße) hinter der Petuel'schen Brauerei und ging noch vor der Eingemeindung am 26. Februar 1889 in Betrieb. Aufnahme um 1930.

Parteitag der Sozialdemokratischen Partei Deutschlands in München,
Versammlung in der Schwabinger Brauerei am 14. September 1902.

Künstlerfest in der Schwabinger Brauerei unter dem Motto „Münchens Niedergang als Kunststadt“, 18. März 1903. Bekannte Münchner Künstler, darunter Julius Diez, Georg Hirth und Franz von Stuck hatten mitten in der Fastenzeit eingeladen, um „den Münchnern die Gelegenheit“ zu geben, „ihre niedergehende Phantasie und Lebenskraft in einem letzten dämonischen Aufflammen noch einmal zu betätigen.“ Ein satirisches Festspiel, geschrieben von Fritz von Ostini, kam zur Aufführung, in dem der Münchner Spiess, der Berliner Bär und Pallas Athene zu Wort kamen und verschiedene Figurengruppen auftraten.

Das stadtauswärts gegenüberliegende dörfliche Anwesen der Hafnerei des Markus Winter, Leopoldstraße 65, war 1908 bereits einem vierstöckigen Mietshaus gewichen, dessen Eigentümerin die Hafnerwitwe Therese Winter war. Im Bild weitere Familienangehörige. Aufnahme um 1905.

Im weiteren Straßenverlauf stadtauswärts auf der linken Seite die „Spezereihandlung“ (Drogerie) Kaut und die Bäckerei Freitag, Leopoldstraße 69, hinter Vorgärten. Aufnahme um 1911.

Auf der rechten Seite der Leopoldstraße stadtauswärts mit der Hausnummer 78 stand an der Trasse der alten Landstraße das „Moderegger-Häusl“, eine Mehl- und Spezerei-Handlung des Melber-Ehepaars Franz Xaver und Maria Moderegger, dahinter zurückgesetzt in der Nachbarschaft die drei- bis vierstöckige Mietshausbebauung der Jahrhundertwende. Aufnahme um 1920.

Die Bäckerei des Mathias Sommer – hier der Meister mit Tochter in der Ladentür – verkaufte nicht nur Mehl, Eier, Butter, Schmalz und selbstgemachte udeln, sondern auch Feingebäck und „stets frische“ Conditorei-Waren. Sie weist Schwabing als Ausflugsziel der Jahrhundertwende für den gehobenen Geschmack aus. Aufnahme um 1910.

Die Straßenszene „beim Moderegger- und Fischer-Häusl“ an der Schwabinger Landstraße bzw. Leopoldstraße zeigt in rundum dörflicher Umgebung das Nebeneinander der Verkehrsmittel: ein landwirtschafliches Pferdefuhrwerk, daneben einen Radfahrer in Uniform, eine elektrische Straßenbahn und ein Automobil. Aufnahme um 1915.

Das Verwaltungsgebäude der Kgl. Landesgestütsverwaltung, Leopoldstraße 93, gehörte dem Staatsärar. Die Bezirksgestütsinspektion stand unter der Leitung des Landstallmeisters und kgl. Majors a. D. Eduard Freiherrn von Pechmann. Nach dem Ende der Monarchie entstand dort später unter Beibehaltung einer Reithalle die Gaststätte „Tattersall“. Aufnahme um 1920.

Das neue Kgl. Maximiliansgymnasium wurde in den Jahren 1910 bis 1912 unter der Oberleitung des Ministerialrats Ludwig von Stempel von dem Architekten und kgl. Bauamtsassistenten Karl Höpfel erbaut. Vorher war das „Max-Gymnasium" in der Ludwigstraße 14 untergebracht, heute befindet sich der Eingang in der Morawitzkystraße (Bautrakt im Bild links). Der Neubau musste zusätzlich das (Alte) Realgymnasium, heute Oskar-von-Miller-Gymnasium, aus der Luisenstraße aufnehmen, das dort unter Platzmangel litt (Eingang und Uhrtum zur Siegfriedstraße, im Bild rechts). Die zweiflügelige Anlage umschließt einen großen Hof mit stattlichem Tor, bekrönt von der römischen Wölfin mit den Zwillingen Romulus und Remus, und ist an der Südseite mit einem stattlichen Turnhallen- und Aulatrakt verbunden. Aufnahme 1913.

Maximiliansgymnasium, Innenansicht des Turnhallen- und Aulatrakts in Jugendstil-Formen. Aufnahme 1913.

Über das uneinheitliche Häusergewirr der Bandstraße – Vorstadt-Doppelhaus Nr. 1: Benz und Haus Nr. 2: Fischer, Kleinhaus Nr. 3: Hiemer und Mietshaus Nr. 4: Obermeier – ragen Turm und Schiff der in den Jahren 1901/02 nach Plänen von Theodor Fischer erbauten protestantischen Erlöserkirche (Bandstraße 5) empor. Aufnahme 1920.

6. Nordwestlich der äußeren Leopoldstraße

Hinter den Ruinen von Leopoldstraße 104 und 106 sind Turm und Schiff der unzerstörten protestantischen Erlöserkirche zu erkennen. Aufnahme 1951.

Im früheren Haus Schwabinger Landstraße Nr. 30, ab 1909 Leopoldstraße 119, wohnten einst der Graphologe Ludwig Klages, Mitglied des Kreises „Die Kosmiker“, und Putti Bernhart. Das Anwesen wurde später zum „Hotel Leopold“ umgebaut. Aufnahme 1911.

Villa Obrist – Hermann Obrist (1862 – 1927) war ein Schweizer Bildhauer. 1896 entstand mit dem Bau seines Atelierhauses in der Karl-Theodor-Straße 24 (heute 48) in Schwabing das erste Ensemble des Münchner Jugendstils mit Möbeln nach eigenen Entwürfen sowie von Bernhard Pankok und Richard Riemerschmid. Die Möbel befinden sich in Museumssammlungen. Das Haus existiert nach dem Brand von 1944 nur noch in umgebauter Form. Aufnahme um 1910.

Blick nach Norden über die noch unbebauten Flächen der Muffatwiese auf das alte Ensemble an der Karl-Theodor-Straße. Im Hintergrund Eingangstrakt und Turm der Kirche des Schwabinger Krankenhauses. Aufnahme um 1911.

„Die Alt-Schwabinger Schafe auf der Neu-Schwabinger Muffat-Wiese im Neuschnee weidend. Im Hintergrund die Häuser an der Karl-Theodor-Straße. Phot. 1910/11“ (Dombart).

Das alte Ensemble mit den spätbiedermeierlichen Vorstadthäusern, rechts die Gastwirtschaft „Carl Theodor“ (Löwenbräu) im Fotoblick aus der Muffatstraße. Aufnahme 1937.

„Ostermaier-Häusl“ (Dr. Hermann Ostermaier), Ecke Karl-Theodor-Straße, erbaut von Emanuel von Seidl. Aufnahme um 1910.

Villa des Architekten German Bestelmeyer (1874 – 1942), Ecke Karl-Theodor-/Siegfriedstraße. Bestelmeyer war Antipode der Architektur von Bauhaus und Neuer Sachlichkeit. Hauptwerke in München: Technische Hochschule, Universität, Luftgaukommando (jetzt Wirtschaftsministerium), Stephanuskirche München-Neuhausen, Mangfall-Autobahnbrücke. Er war Präsident der Akademie der Bildenden Künste (1924 – 1942) und Reichs-Kultursenator (1935). Aufnahme um 1910.

Fuhrunternehmen an der Überlandstraße nach Ingolstadt. Kleinhaus der Witwe Maria Obermayer an der Hörwarthstraße 3. Aufnahme um 1910.

Das neue Schwabinger Krankenhaus am Kölner Platz 1 entstand mit dem Hauptgebäude, dem Schwesternhaus, der Krankenhauskirche, dem ersten Männer- und Frauenbau und zahlreichen Zusatzgebäuden – nach Planung und Entwurf durch Richard Schachner ab 1904 – in den Jahren 1906 bis 1909. Weitere Bauabschnitte vor und nach dem Ersten Weltkrieg machten es zur größten und modernsten Krankenanstalt Europas. Aufnahme 1911.

Noch während der Bauzeit des Schwabinger Krankenhauses (1907) berichtete eine Münchner Tageszeitung: „Wenn man auf der Schwabinger Landstraße hinauswandert, so erblickt man bald nach Überschreitung der Hörwarthstraße draußen im weitgestreckten Gelände zur Linken die der äußeren Form nach vollendete Hauptgebäudegruppe am zukünftigen Kölnerplatz, die in der einfachen aber doch wirkungsvollen Gliederung einen imposanten Eindruck macht. Durch die Zusammenziehung verschiedener Bauten, so des Verwaltungs- und Apothekengebäudes, des Hauptgebäudes und der Kirche mit dem Schwesternhaus konnte eine Baugruppe am Kölnerplatz und der in Ausführung befindlichen Parsifalstraße entwickelt werden, die sowohl dem Platz einen Abschluss auf der einen Seite gibt als auch die rückwärts auszuführenden einzelnstehenden Krankenbauten verdeckt; diese Bauanlage repräsentiert also gleichsam das Krankenhaus."
Am unteren Bildrand ist die Belgradstraße zu erkennen. Sie verläuft exakt neben dem alten „Türkengraben", dessem Anschüttung hier mit kleinen Häuschen bebaut ist. Aufnahme um 1920.

Das stattliche „Gasthaus zum Ingolstädter Hof ausgeübt von Eduard Dietz. Einstell-Stallungen und Fremdenzimmer“, ursprünglich an der Ingolstädter Straße, dann Schwabinger Landstraße, schließlich mit Adresse Leopoldstraße 115, wurde im Jahr 1944 Opfer des Bombenkriegs. Aufnahme um 1910.

Das ehemalige „Moser-Wirtshaus“ an der Leopoldstraße wurde von Dr. Hermann Ostermaier zu einem Privat-Wohnhaus umgebaut. Aufnahme um 1915.

Nördlich vom ehemaligen Moser-Wirt befand sich vor dem Ersten Weltkrieg die Schweine-Zuchtanstalt von Frankle. Aufnahme um 1920.

Kritisch beäugt von seiner Tochter fährt der Maler Botho Schmidt mit dem „Gesundheitslenker“ auf der Leopoldstraße stadteinwärts, ebenso wie die Straßenbahn im Hintergrund, die vom Parzivalplatz kommt. Aufnahme um 1911.

Vater und Tochter Schmidt vor der ersten Münchner Fußballtribüne. Der in Schwabing im Jahr 1900 gegründete FC Bayern München war im Jahr 1907 von der Muffatwiese an der Karl-Theodor-Straße auf das neue Spielgelände an der Leopoldstraße, nördlich gegenüber der Einmündung Hörwarthstraße, umgezogen und gewann das Eröffnungsspiel gegen den FC Wacker München mit 8:1 Toren. Aufnahme 1911.

Fußballspiel der FA Bayern gegen T.u.S.V.1860 (2:0) auf dem Bayernplatz an der Leopoldstraße, 28.11.1915; im Hintergrund das Panorama-Gebäude an der damaligen Helmholtzstraße (heute Bereich der Berliner Straße).
Der 1900 gegründete FC Bayern schloss sich 1906 vorübergehend dem Münchener Sport-Club, dem zu dieser Zeit größten Sportverein Münchens, an und bestritt seine Spiele als Fußballabteilung (FA) Bayern. Die Mannschaft profitierte von dem besseren finanziellen Hintergrund des größeren Vereins. Der Fußballplatz an der äußeren Leopoldstraße entstand auf einem Grundstück, das der MSC von der Stadt München gepachtet hatte. Er wurde am 15. September 1907 eröffnet und war als erster Sportplatz in München mit einer überdachten Tribüne ausgestattet.

Die Gaststätte „Parzival-Garten", Leopoldstraße 153, am gleichnamigen Platz mit der Straßenbahn-Kurve zum Schwabinger Krankenhaus am Kölner Platz. Hier wohnten später der Graphologe Ludwig Klages und seine Partnerin Grete Bardenkämp sowie Professor Theodor Dombart, der Fotograf der Aufnahme von 1912.

Bäuerliche Anwesen am Stadtrand, Leopoldstraße 253. Aufnahme 1913.

Stattliche Pappelallee an der äußeren Leopoldstraße. Eine Kutsche fährt in die Stadt. Die rechte Straßenseite ist wegen des Transportverkehrs gepflastert – und zollpflichtig! Aufnahme um 1900.

Blick auf Schwabing mit Erlöserkirche und der „Metzeler Auto Pneu"-Reklame an der Brandschutzwand eines Hochbaus. Aufnahme des Schutzmanns Dick, der vor dem bäuerlichen Anwesen an der äußeren Leopoldstraße steht. Aufnahme 1911.

7. Vom Biederstein und der Hirschau nach Norden

Das alte Schloss Biederstein entstand im 18. Jahrhundert. Es erlebte seine erste Blütezeit unter dem kurfürstlichen Finanz- und Wirtschaftsfachmann Baron Stephan von Stengel, der ein unehelicher Sohn Kurfürst Karl Theodors gewesen sein soll. Dem aufgeklärten Zeitgeist entsprechend, betätigte er sich dort als „Kulturant" im Land- und Gartenbau. Er führte dort aber auch mit seiner Familie ein höchst anspruchsvolles gesellschaftliches Leben. In der Ära Montgelas wurde er nach Franken versetzt.
Kurfürst Max IV. Joseph schenkte Schloss Biederstein seiner Gattin Karoline, die es nach seinem Tod als „Witwensitz" bezog. Aufnahme um 1900.

Das neue Schloss Biederstein für Königin Karoline, von Leo von Klenze in den Jahren 1826 bis 1830 erbaut, erlebte eine neue Glanzzeit, da die Königswitwe ihre europaweit hochadelig verheirateten Töchter mit ihren Schwiegersöhnen – zum Beispiel den russischen Zaren Alexander III. – dort empfing. Das alte Schloss wurde 1835 umgebaut und als Kavalierssitz für den Hofstaat der Königin verwendet. Nach dem Tod der Königin wurde im Jahr 1876 Herzog Max Emanuel (†1892) Eigentümer der Liegenschaft. Nach dem Ende der Monarchie 1918 wurden die Schlösser mit dem Park verkauft. Einen Teil erwarb im Jahr 1928 die Stadt München. Nach der Zerstörung im Zweiten Weltkrieg entstand dort das Studentenheim am Biederstein. Aufnahme um 1900.

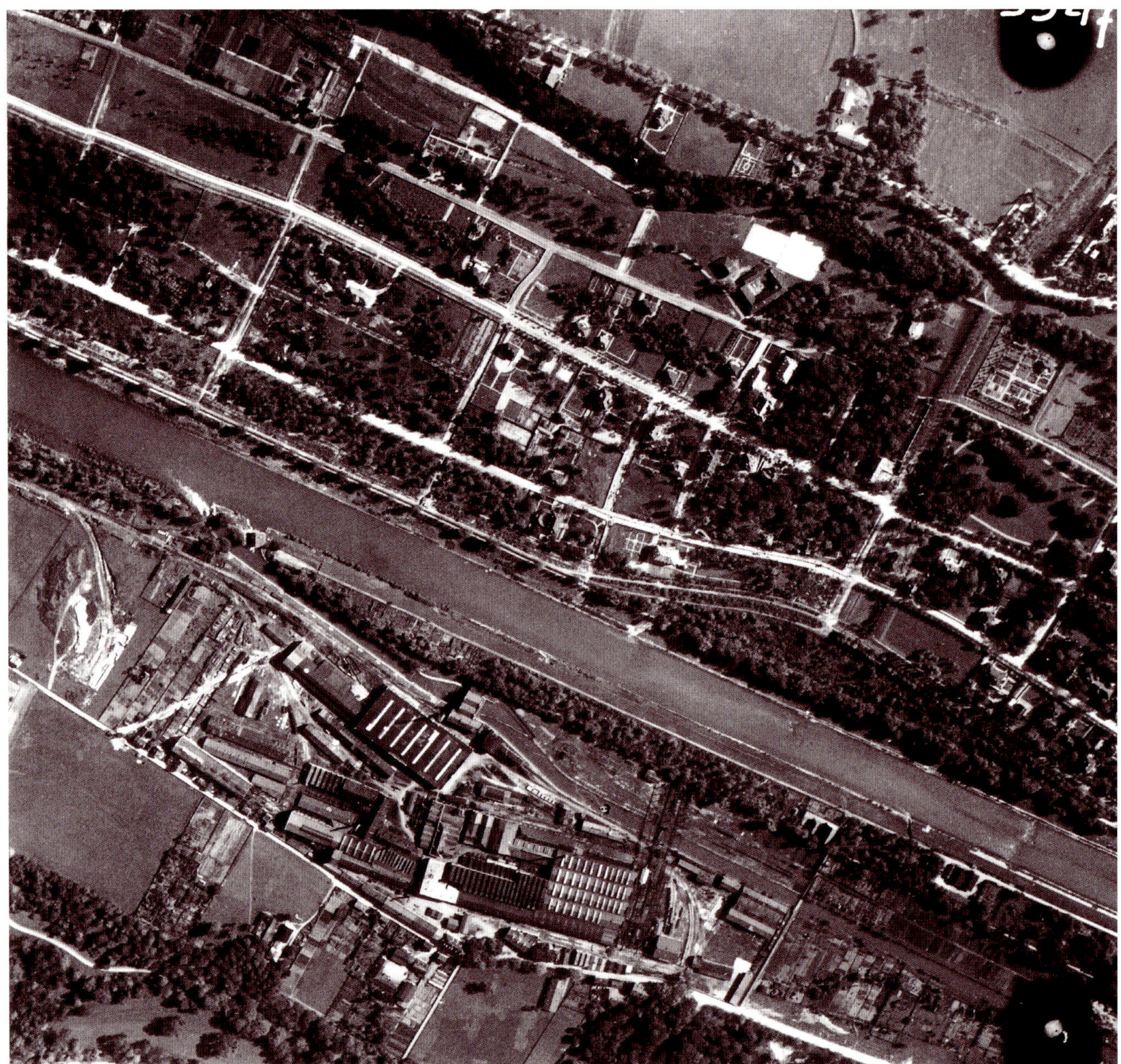

Partie an der Gyßlingstraße in der Hirschau. An der im Jahr 1905 nach dem zwei Jahre zuvor verstorbenen Direktor des Bayerischen Dampfkessel-Revisionsvereins benannten Straße war noch im 19. Jahrhundert mit den Hausnummern Hirschau 16 – 21 eine Betriebssiedlung der Maffei-Lokomotivfabrik entstanden. Hier wohnten ursprünglich Direktoren und Ingenieure des „Eisenwerks“, aber auch Witwen verdienter Mitarbeiter. Aufnahme 1948.

Linke Seite: Die Lokomotiv-Fabrik Maffei in der Hirschau war 1837 nach Kauf des Lindauer'schen Eisenhammers am Eisbach entstanden und bis 1930 zum größten Münchner Industriebetrieb fortlaufend ausgebaut worden. Nach der politisch motivierten Fusion mit der Maschinenfabrik Krauss im Jahr 1933 wurde die Firma nach Allach verlegt. Mit Ausnahme des E-Werks am Eisbach wurden die Betriebsanlagen abgebaut, das Betriebsgelände 1943 vom bayerischen Staat erworben. In den 1960er Jahren wurde das Gelände in die Parkanlagen des Englischen Gartens (Hirschau) einbezogen. Aufnahme um 1925.

Das neue Umspannwerk Hirschau an der ehemaligen St.-Gallener-Straße war 1930/31 nach Entwurf von Fritz Beblo und Edward Knorr nördlich des Maffei-Betriebsgeländes errichtet worden. Sein Vorgängerbau (1907, Friedrich Uppenborn) stand isaraufwärts an der Ifflandstraße in der Nähe der Tivoli-Mühle. Aufnahme um 1932.

Das Germaniabad am Biederstein 7 wurde im Jahr 1876 von dem Lodenfabrikanten Georg Frey an der „Schwarzen Lacke“ vor der Einmündung des Nymphenburg-Biedersteiner Kanals in den Schwabinger Bach angelegt.

Das Wachstum der Hesselberger'schen Lederfabrik, Biederstein 5, verursachte durch Mehrverbrauch von Industriewasser die Schließung des Bads bereits im Jahr 1897. Aufnahme um 1895.

Elektrische Straßenbahn vor dem Ankunfts- und Wagenschuppen in der Nähe des damaligen Schwabinger Würmbades, des heutigen Ungererbades. Die erste elektrische Straßenbahn für München entstand 1886 noch auf Schwabinger Gemeindegrund. Ihr Bau ging auf die private Initiative und Investition des Ingenieurs August Ungerer zurück, der eine Verbindung zu dem ebenfalls von ihm gestifteten Bad schaffen ließ. Aufnahme um 1890.

Schwimmunterricht für Frauen im Ungererbad. Aufnahme aus dem Nachlass einer Schwimmlehrerin, um 1910.

Der Schwabinger Güterbahnhof („Nordbahnhof") wurde nördlich des Nymphenburg-Biedersteiner Kanals in den Jahren 1897/98 errichtet. Hier ein Blick vom Wohnhaus Professor Dombarts über die Tennisplätze an der äußeren Leopoldstraße über das weitläufige Bahnhofsgelände auf die Neubauten an der Freisinger Landstraße/Ungererstraße. Hier standen beim gescheiterten Hitlerputsch 1923 die für den „Marsch auf Berlin" für Putschisten und Reichswehr vorgesehenen Eisenbahnzüge bereit. Aufnahme um 1912.

Die Ladehalle des Schwabinger Güterbahnhofs, Helmholtzstraße 1, wurde im Jahr 1901 errichtet. Ein Stichgleis führte von hier durch den Park zur Maffei'schen Lokomotivfabrik in der Hirschau. Aufnahme 1910.

Die „Hertzblöcke“ mit ihrer Stammgaststätte „Familienheim“ entstanden zwischen Schwabinger Güterbahnhof und Leopoldstraße kurz vor und nach dem Ersten Weltkrieg. Das Arbeiterquartier war bis 1933 politisch stark sozialdemokratisch und kommunistisch geprägt. Aufnahme um 1913.

Das starke Wachstum Schwabings in der zweiten Hälfte des 19. Jahrhunderts machte die Anlage eines neuen örtlichen Friedhofs nötig, der im August 1884 eröffnet wurde. Nach der Eingemeindung erfolgten bereits 1892 und 1895 Erweiterungen und schließlich die Einbeziehung in die Planung der städtischen Großfriedhöfe durch Hans Grässel zum „Neuen Nördlichen Friedhof" mit der Aussegnungshalle (Ungererstraße 130) und Straßenbahnanschluss im Jahr 1900. Aufnahme um 1900.

Unmittelbar nach dem Ersten Weltkrieg entstand in den Jahren 1919 bis 1922 nach Entwurf von Theodor Fischer als Arbeiter-Mustersiedlung die „Alte Haide“ mit der Pestalozzi-Volksschule am nördlichen Rand von Schwabing. Ein zweiter Bauabschnitt folgte in den Jahren 1926 bis 1928. Aufnahme um 1927.

Der Neue Jüdische Friedhof entstand an der Ungererstraße 217 in den Jahren 1904 bis 1908 und wurde am 18. Mai 1908 eröffnet. Aufnahme 1920.

Ein Feldkreuz an der ehemaligen Freisinger Landstraße, etwa auf Höhe der heutigen Domagkstraße, markierte die Grenze Schwabings gegen den Nachbarort Freimann. Aufnahme 1908.

8. Schwabing wächst weiter nach Westen

Die Fluren Schwabings waren westlich der äußeren Leopoldstraße und nördlich der Herzogstraße und der Karl-Theodor-Straße schwach bzw. nicht bebaut. So kam die Volksschule an der Simmernstraße 2 noch fast auf freiem Feld zu liegen. Sie entstand 1910/11 nach Plänen von Wilhelm Bertsch. Rechts im Bild ist in einiger Entfernung der neue Turm des Maximiliansgymnasiums/Alten Realgymnasiums (heute Oskar-von-Miller-Gymnasium) sichtbar. Aufnahme 1910/11.

Gemäß einer Novellierung des Bayerischen Baugesetzbuchs von 1898 mussten in Neubaugebieten Grünanlagen von fünf Prozent der Gesamtfläche eingeplant werden. Es entstanden – bei schon geplanten Straßentrassen – einfache handtuchartige Stadtplätze, wie hier am noch nicht angelegten Pündterplatz mit der Wohnbau-Genossenschaftsanlage von 1927 bis 1929. Aufnahme 1931.

Eine dieser typischen Anlagen ist der Viktoriaplatz (oben, Aufnahme um 1930), umsäumt von einer Baumreihe, einer niedrigen Hecke und schmalen Rosen-Rabatten. Zur Mindestausstattung gehörte frühzeitig ein Kinderspielplatz. Als „Luxusausstattung“ kam ein Brunnen, wie hier 1937 der Seelöwen-Brunnen am Viktoriaplatz (links), hinzu.

Die „Künstlerpension“ Fürmann an der Belgradstraße, ehemals Nr. 57. Etwas abgelegen vom Kern Schwabings, war sie preisgünstiges Refugium von Künstlern, Intellektuellen und Bohemiens der Blütezeit „Wahnmochings“. Aufnahme um 1910.

Dörflich-kleinbäuerliche Bebauung am „Türkengraben" entlang der Belgradstraße auf Höhe des Luitpoldparks vor dessen Anlage. Im Gelände vermeint man Reste der Uferwälle des ehemaligen Grabens zu erkennen. Aufnahme um 1910.

Anlässlich des 90. Geburtstags des Prinzregenten Luitpold (1821 – 1912) wurde der im Jahr 1909 von Stadtgartendirektor Jakob Heiler geplante Nordpark im Mai 1911 mit 90 Linden bepflanzt und als Luitpoldpark dem Prinzregenten gewidmet. Der Obelisk stammt von den Schöpfern des Friedensengels, Heinrich Düll und Georg Pezold. Die Aufnahme von 1913 zeigt die damalige extreme Außenlage des Parks an der nördlichen Stadtgrenze.

Volksfest im Luitpoldpark. Aufnahme April 1931.

Am Westrand des Luitpoldparks ließ der Bauunternehmer und Architekt Franz Rank im Jahr 1930 das Bamberger Haus mit anspruchsvoller Schmuckfassade entstehen. Aufnahme um 1910.

Nordwestschwabing nach Osten. Vom Neubaugebiet des 2. Bauabschnitts der Kriegsbeschädigten-Siedlung an der Hildebold-, Saar- und Deidesheimer Straße (1924 – 1930) geht der Blick über Gärtnereien an der Schleißheimerstraße und die dortigen Genossenschafts-Wohnbauten mit der neuen Pfarrkirche St. Sebastian (1929) über den Luitpoldpark (1911) und den noch unbebauten Bayernplatz nach Osten zum locker bebauten Gebiet um die Belgradstraße. Im Hintergrund die Silhouette des ehemaligen Dorfes Schwabing, eingerahmt durch Hirschau und Englichen Garten. Am Horizont wird das östliche Isarhochufer mit seinen Stadtvierteln sichtbar.
Aufnahme um 1930.

Das Wachstum Schwabings nach Westen zwischen Belgradstraße und Schleißheimer Straße und darüber hinaus war Grundlage für eine neue katholische Pfarrei. Die 1929 von Kardinal Faulhaber eingeweihte Pfarrkirche St. Sebastian, Ecke Karl-Theodor-/Schleißheimer Straße, erbaut in reduzierter neuromanischer Sichtziegelbauweise nach Plänen von Eduard Herbert/Otho Orlando Kurz trug dem Rechnung. Schon in den Jahren von 1919 bis 1921 war an der Grenze zum Kasernenviertel die Kriegsbeschädigten-Siedlung an der Hildebold-, Saar- und Deidesheimer Straße entstanden, die von 1924 bis 1930 ausgebaut wurde. Aufnahme 1931.

Die Anlage des Bayernplatzes (1925) wurde zum Bindeglied des Luitpoldparks mit der inzwischen entstandenen Wohnbebauung zwischen Clemensstraße und Hohenzollernplatz und – nach dem Zweiten Weltkrieg – zum Standort einer neuen Schule. Aufnahme um 1950.

Mit der evangelischen Kreuzkirche als Holz-Behelfskirche folgten die Protestanten im Neubauviertel den Katholiken im Jahr 1930 auf den Fuß. Nach dem Zweiten Weltkrieg folgten 1946 eine Baracken-Notkirche, 1950 ein Kirchenbau von O. Bartning und schließlich 1968 ein Kirchenneubau mit Turm von Steinhauser. Aufnahme 1944 vor Kriegszerstörung.

Mit dem Neubau des Schulhauses an der Hohenzollernstraße 140 (heute Hermann-Frieb-Realschule) nach Plänen von Robert Rehlen war die Entwicklung Schwabings frühzeitig weit nach Westen vorgezeichnet. Die Architektur in deutscher Neurenaissance mit Jugendstilelementen entsprach ganz dem Typus der „Kerschensteiner'schen Schulburgen“ in den damaligen Stadtrandgebieten. Aufnahme 1911.

Vorstädtisches Gebäude Schleißheimer Straße 142 vor dem Abbruch 1912 an einer Straßenbahn-Bedarfshaltestelle. Die elektrische Linie in den Außenbezirk von der Georgen-/Schleißheimer Straße bis zum Nymphenburger Kanal (Riesenfeld) war schon am 1. Dezember 1904 eröffnet worden. Aufnahme um 1910.

Nordbad an der Schleißheimer Straße 142, Portal zum Zentralbereich mit den alten Pavillongebäuden südlich und nördlich (mit Arkaden) davon. Erbaut 1936 bis 1941 nach Plänen von Stadtbaurat Karl Meitinger.

Blick vom Dach des Stadtarchivs aus über Schwabing nach Osten mit den Türmen der katholischen St.-Ursula-Pfarrkirche (links) und der Schulen am Elisabethplatz. Aufnahme von 1941.

Städtisches Wehramt an der Winzererstraße 68, 1912/13 erbaut nach Plänen des Architekten und Stadtbaurats Hans Grässel. Das Wehramt war zuständig für die Erfassung der wehrpflichtigen Soldaten des bayerischen Heeres und ging in Betrieb mit der Mobilmachung zum Ersten Weltkrieg.

Nach dem Übergang aller militärischen Befugnisse auf das Deutsche Reich konnte das funktionslos gewordene Gebäude ab 1926 Teile des Stadtarchivs München übernehmen, das nach dem Zweiten Weltkrieg ganz hier einzog. Aufnahme 1926.

Foto- und Postkartennachweis

Die Abbildungen sind nach Seiten (fett) sortiert. Der Seitenzahl folgt der Bestand (s. wa. „Abkürzungen der Bestandsbezeichnungen" unten) sowie die fortlaufende archivische Nummerierung

Titel C1894218, **Vorsatz** SCHW-190, **14** PS-C-0001-A, **15** BuR-0006-2-001, **17** HVGS-A-04-35, **18** HVBS-B-02-20, **20** Wein-0334, **22** HVGS-A-02-02, **23** GS-00665, **24** FS-STB-2848, **26** Bayerisches Hauptstaatsarchiv, Verkehrsarchiv, Abgabe vom 22.12.1999, Pläne der Landgerichte, München 1810, **27** Bayerisches Hauptstaatsarchiv, Steuerdistriktpläne, AG München-Land Nr. 28, **28** AV-BIBL-25787, **29** Staatsarchiv München, Kataster 13550, **30** BuR-0163-12-001, **34** FS-NL-DOM-049-09, **36** AB_Erg_0185, **38** SCHW-003-001, **40** SCHW-002-002, **42** C1890031, **43 links** NL-DES-276-022, **43 rechts** SCHW-005-001, **44** SCHW-144-001, **45 oben** SCHW-539-002, **45 unten** C1890037, **46 links** SCHW-499-001, **46 rechts** SCHW-499-002, **47** C1895223, **50** SCHW-006-002, **52** SCHW-047-001, **54** FS-NL-DOM-067-07, **55 oben** Stb-Luft-074, **55 unten** LBK-00218-I-034, **60** PL-16241, **74** Av-Bibl-00942-001, **75 oben** FS-ALB-135-001, **75 unten** FS-NL-DOM-144-01, **84** FS-NL-DOM-049-11, **85** Pett1-1992, **86** C1895214, **87** FS-NL-DOM-020-01, **88** FS-NL-DOM-049-19, **89** FS-NL-DOM-013-01, **90** HB-V-a-0195, **91** HB-V-a-0215, **92** FS-NL-DOM-038-01, **93** FS-AB-Stb-0103, **94** FS-NL-DOM-069-02, **95** FS-STB-2707, **96** FS-AB-Stb-0102, **98** C1894218, **99** FS-NL-DOM-009-01, **100** FS-NL-DOM-009-02, **101** Pett1-2294, **102** FS-NL-DOM-046-02, **103** FS-NL-DOM-008-02, **104** FS-NL-DOM-008-04, **105** FS-NL-DOM-008-01, **106** FS-NL-DOM-011-01, **107** FS-NL-DOM-077-02, **108** FS-NL-DOM-077-03, **109** FS-NL-DOM-032-01, **110** FS-NL-DOM-014-02, **111** FS-NL-DOM-012-02, **112** FS-NL-DOM-032-02, **114** FS-NL-DOM-067-02, **115** HB-XX-K-079, **116** FS-NL-DOM-067-08, **117** FS-NL-DOM-006-01, **118** FS-STB-2708, **119** Pett1-0518, **120** FS-NL-STU-2-0588, **121** AB-Erg-0222, **122** FS-STB-2847, **123** Pk-Erg-09-0148, **124** FS-STB-2827, **126** FS-NL-DOM-045-03, **127** FS-NL-DOM-045-04, **128** FS-NL-DOM-045-01, **129** FS-NL-DOM-018-04, **130** FS-NL-DOM-018-01, **131** FS-NL-DOM-045-09, **132** FS-NL-DOM-045-07, **133** FS-NL-DOM-045-02, **134 oben** FS-NL-DOM-045-08, **134 unten** HB-XX-M-074, **135** FS-NL-DOM-037-01, **136** FS-NL-DOM-037-03, **137** FS-NL-DOM-037-04, **138** FS-NL-DOM-045-06, **139** FS-NL-DOM-037-02, **140** FS-NL-DOM-042-02, **142** FS-NL-DOM-049-18, **143** Forsch-1223, **144** HB-XXIII-138, **145** HB-VI-0399, **146** FS-NL-MG-97821, **147** FS-NL-MG-97778, **148** Pett1-1990, **149** FS-STB-2710, **150** C1902100, **151** C1903088, **152** FS-NL-DOM-049-25, **153** FS-NL-DOM-049-01, **154** FS-NL-DOM-049-14, **155** FS-NL-DOM-049-04, **156** FS-NL-DOM-049-12, **157** FS-NL-DOM-049-13, **158** FS-STB-2712, **159** FS-STB-2711, **160** FS-NL-DOM-001-01, **162** FS-NL-DOM-049-03, **163** FS-NL-DOM-049-21, **164** FS-NL-DOM-024-03, **165** FS-NL-DOM-024-05, **166** FS-NL-DOM-024-04, **167** FS-NL-DOM-024-02, **168** FS-NL-DOM-024-06, **169** FS-NL-DOM-024-01, **170** FS-NL-DOM-017-01, **171** Pett2-2645, **172** FS-STB-3593, **173** FS-NL-DOM-049-06, **174** FS-NL-DOM-049-22, **175** FS-NL-DOM-049-08, **176** FS-NL-DOM-049-16, **177** FS-NL-DOM-049-24, **178** FS-ALB-030-28, **199** FS-NL-DOM-049-20, **180** FS-NL-DOM-049-17, **181** FS-NL-DOM-049-07, **182** FS-NL-DOM-049-05, **184** FS-STB-2715, **185** FS-STB-2714, **186** FS-STB-2828, **187** FS-NL-DOM-004-01, **188** FS-STB-2706, **189** FS-NL-DOM-053-01, **190** Siemens Corporate Archives, EB IV 139, **191** AB_Erg_0221, **192** FS-NL-DOM-049-23, **193** FS-NL-DOM-007-01, **194** FS-STR-2075, **195** FS-STB-2846, **196** HB-V-a-0360, **197** FS-STB-2835, **198** FS-NL-DOM-015-01, **200** Pett2-3300, **201** FS-STB-3315, **202 links** FS-STB-3314, **202 rechts** FS-STR-2549, **203** FS-NL-DOM-016-01, **204** HB-XVI-0249, **205** Pett2-1163, **206** Pett2-1478, **207** Pett2-1481, **208** FS-STB-3605, **209** Pett2-2543, **210** FS-STR-2548, **211** PkStb-05294, **212** HB-V-a-0595, **213** HB-XVI-0440, **214** Forsch-2353, **215** FS-STB-1065, **Nachsatz** PS-C-0043

Abkürzungen der Bestandsbezeichnungen:

AB_Erg Fotosammlung Altbestand Ereignisse
AV-BIBL Archivbibliothek
BuR Bürgermeister und Rat
C Chronik
Forsch Fotosammlung Forschungsstätte
FS-AB-STB Fotosammlung Altbestand Stadtbild
FS-ALB Fotosammlung Alben
FS-NL-DOM Fotosammlung Nachlass Dombart
FS-STB Fotobestand Stadtbild
FS-STR Fotosammlung Straßen und Plätze
HBGS Historischer Verein Grafiksammlung
HVBS Historischer Verein Bildersammlung
LBK Lokalbaukommission
NL-DES Nachlass Destouches
Pett1/Pett2 Fotosammlung Pettendorfer
PkErg Postkartensammlung Ereignisse
PK STB Postkartensammlung, Stadtbild
PL Plakatsammlung
PS Plansammlung
SCHW Schwabing
Wein Fotosammlung Weinberger

Schwabing

Karte aus dem Jahr 1891.

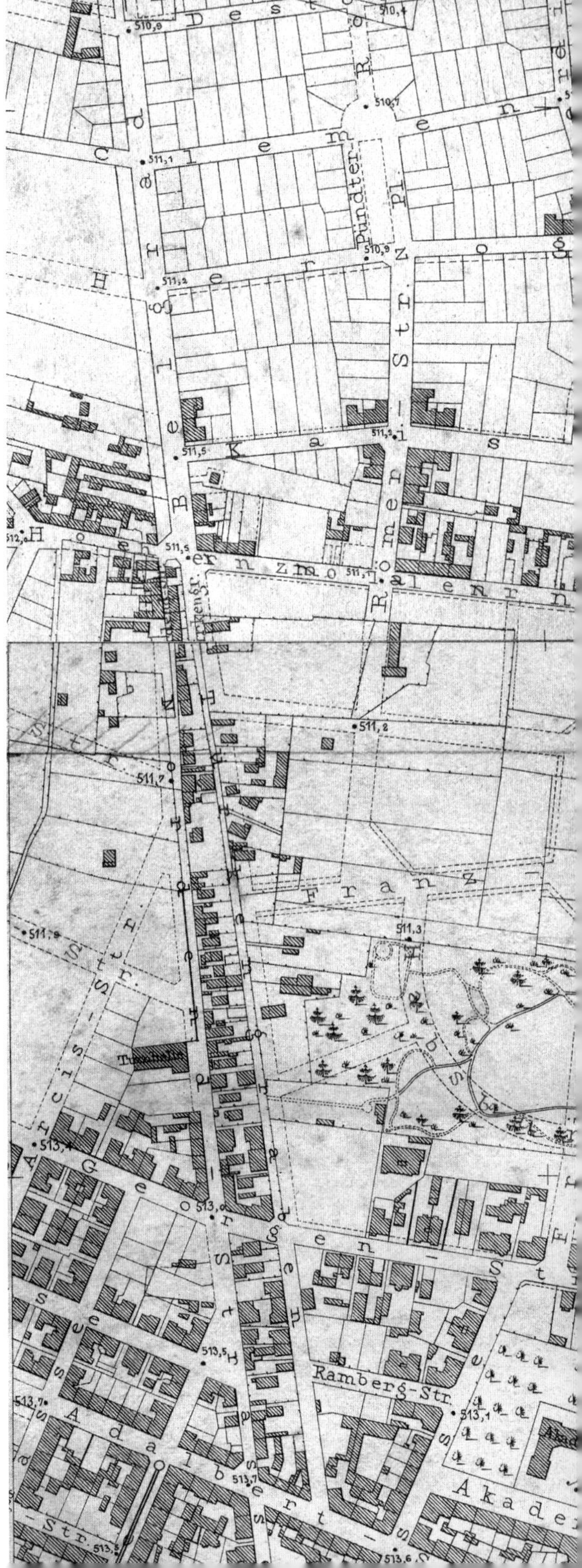